できる先生が実はやっている授業づくり77の習慣

JN227398

Morikawa Masaki
森川 正樹

明治図書

プロローグ

私の教師としての宝物は「授業ノート」です。

新任の頃からの授業ノートは全て取ってあります。

自分がその時何を考え、子どもはどのような反応をし、それを見て自分がどう思ったのか、が書かれています。

先日それを眺めていて改めて思いました。


自分の「教師」としての人生は、行ってきた「授業」の積み重ねである、と。


もっと良い授業がしたかったなあ、ということだらけです。後から子どもたちに申し訳なく思うことだらけです。

少しでも満足のいく授業をするためには日々授業をし、振り返り、〝半歩〟バージョンアップした自分で次の日また子どもたちの前に立って授業をする……この繰り返ししかありません。

駆け出しの時はもちろん経験もそんなにありません。それでも子どもの前に立たなければならないのです。

そこで必要なのは「意識」です。経験を補うために意識する。

経験をただの〝出来事〟で終わらせないために、〝糧〟にするために必要なのは「意識」です。

「意識」して授業をするのと、「ただなんとなく」授業するのとでは雲泥の差があります。

「意識」して授業をすることはやがて、「習慣」を生みます。

本書では、「習慣」にまで昇華させたい「意識」を取り上げました。

「授業」には、教師としての〝その人〟が表れます。

志《こころざし》だけでは良い先生になれませんが、誰しも大きな志を持って教師という仕事を選んだはずです。その「志」を具現化する手段が「授業の習慣」です。

教科の専門的な知識を身に付ける一方で、多くの教科で共通して発揮できる「授業の習慣」を身に付けましょう。

同時に、あなただけの「授業ノート」に「習慣」にしたい〝気づき〟をどんどん書き込んでいってください。

素晴らしい授業をしたいのは山々ですが、私たち教師はまず、

「真摯」な授業を。
「誠実」な授業を。

共に、授業の習慣を探し続ける旅、スタートです。

CONTENTS

Chapter2

子どもの学力を高める！習慣16

CONTENTS

Chapter 3 学級をアクティブに変える！習慣13

Chapter 4 教師力をアップする！習慣17

Chapter 5

プラスアルファを目指す! 習慣22

エピローグ

Chapter 1
授業づくりの基礎基本！習慣 9

1 子どもを大事にする

授業の習慣、一つ目に挙げるのは「子どもを大事にする」ということです。

授業をつくる上での大前提です。

授業理念、授業の目標、授業技術……全ての前提となるのが**「子どもを大事にしたい」と思い続けること**ではないでしょうか。

まずこの軸を大切にしたいものです。

さて、子どもを大事にするといっても様々あります。

まずは根本的なことから。

授業で子どもの心が傷つくようなことは避けたいものです。

ある研究授業での話です。

授業者が次のような発言を子どもたちにしました。友だちとの相談を促す場面です。

「わかりそうな人とくっついてね」

「わからない人に相談しても時間の無駄だからね」

聞いた瞬間耳を疑いました。そして恐れていた光景が目の前で繰り広げられたのです。

この時の状況をもう少し詳しく説明します。

まず、教師の発問に対して「自分で発表できそう」という子を確認し立たせました。その後に、座っている「自分ではまだ考えをつくることができていない子」に対して相談することを促しました。その場面で先のようにその授業者は言い放ったのです。

座っていた子は相談をしに散らばります。しかし立っている子は気が気ではありません（立っているだけでも尊いのに！）。だって自分に誰も来なかったら、と子どもは考えますよね。想像したら怖くなるでしょう？

先生の合図で座っていた子どもたちは散らばったのですが、やはりというか自分の所に来てもらえない子が出てしまいました。私が見ていたその子は咄嗟に、隣で立っていてたくさん友だちが相談にやってきた輪に入りました。この時の光景を今でもはっきりと覚えています。

これはあまりにもひどい光景です。

このような場を我々はつくり出しているかもしれないのです。

この光景を見て私たちは何を思わなければならないのか。それは、**「自分も日常の授業でしてしまっているかもしれない」という感覚**です。

ああ、自分はしていないな、ではないのです。

私はゾッとしました。何気なく自分もやってしまっているかもしれない、そう思ったのです。

同じく先の授業です。

授業の後半、授業者の先生は子どもたちに考えさせる際に三つの方法をとらせました。

①自分一人で考える

②友だちと一緒に考える

③先生に教えてもらう

まず①はゼロ。

③を選択する仲間が多いのを見て多くの子がやはり③を選択して先生の元へ。しかし、それでも自分たちだけで考えようとする②を選択した子たちが六人ほどいました。素敵な光景です。

しかしその先生はどうしたか。全体の活動を終え、こう言ったのです。

「先生に教えてもらった人に聞きに行きなさい」

これで自分たちで考えようと頑張っていた行為は無になりました。その子たちも先生の〝教え〟を受けた子たちに聞きに行くことになったのです。

この状況では、まず最初に取り上げるべきは「自分たちの力だけで考え合ったグループ」です。

結局、最後に自分たちで考えていた子たちにあてますがしゃべりにくい。当然です。教師の解が出た後なのですから。

これは子どもの頑張ろうとした意欲を大事にしていない例と言えるでしょう。

つまり、子どもを大事にしていないのです。

「授業技術」は大切です。今回の授業では何度も仲間同士相談させる活動、教師に聞きに行く活動が組み込まれていました。おそらくそこが提案の中心だったのでしょう。

しかし、「技術ありき」ではないのです。まず「子どもありき」です。

「技術」の陰で子どもが傷ついているなら本末転倒です。

「技術」は子どもをうまく生かすもの。

「技術」は子どもによりよく理解させるもの。

「技術」は子どもが楽しく授業に取り組めるもの。

「子どもを大事にする」意識をいつまでも持ちたいものです。

いつまでも真摯に子どもに向き合える存在でありたいものです。

授業の「第一声」を意識する　2

授業の第一声は重要です。

いつもいつも「では授業を始めます」では能がありません。

例えば六年生は小学校生活六年のベテランです（笑）。

授業を受けるベテランでもあります。

もし九割の授業の始まりが「では授業を始めます」であったとしたら……。

もう「始まりの慣れっこ」になってしまっていますね。ほぼセンサーの針は振れません。

いわゆる予定調和です。

そこに、「この中に入っているものを見たらきっと驚くはずです」という授業の第一声が来たとしたら……？

きっとほぼ全員の視線が先生に注がれるはずです。下を向いていた子の顔も上がります。

これだけでまずは「授業の導入」成功です。

クラス全員の子の学習参加を保証するために、まず出発点として「授業の第一声」なのです。

第一声を変えていくには、何も常に何かを準備して驚かせる必要はありません。まずは言葉を確定していくことです。

教師がきちんと〝意識した言葉〟を使っていくのです。

「では授業を始めます」ばかりでは意識できていません。ただ子どもの前に立って反射的に出てきた言葉です。

ここを、「言葉を意識して選ぶ習慣」に変えていくのです。

今日はモノの提示から入ろう。

「ノートを開けなさい」とずばり行動させよう。

「これは何と読みますか?」と漢字から入ろう。

「○ページを読んだら手を挙げて知らせなさい」と黙読から入ろう……。

授業の導入は様々ですが、第一声を本時の活動に合わせて意識して言ってみる。

無意識に言葉を選んでいる状態になれるように日々修行は続きます。

ベース笑顔 3

もう何度表情のことを書いたかわかりません。しかし、やはり教師の表情は授業をする上で大切です。

いつもいつも苦虫を噛み潰したような表情をしている先生がいます。

一体何を怒っているの？　と突っ込みたくなる先生もいます。

こんなことがありました。

学年で劇をすることになったのですが、その配役のオーディションを三人の担任団でしました。子どもたちは緊張し、必死でセリフを言っていたので審査をしているこちらの方はあまり見ていないと思っていたのですが、後からこんな話を聞きました。「笑顔だったのは森川先生だけだった」とある子が言っていたとか。

子どもたちは見ているのです。

しっかりと見ているのです。

見ていないようで見ているのです。

やはり「ベース笑顔」の先生でなければなりません。

「笑顔でない」ことが子どもの心に少しでも不安や苦痛を与えているのなら、それは不幸なことです。

「表情」は意識一つで変えることができます。

授業技術云々の前に基礎的な習慣として「ベース笑顔」を意識して日々教室に足を踏み入れましょう。

4 教師の遣う言葉が子どもの言葉をつくる

教師の遣う言葉が子どもの遣う言葉をつくります。

授業中に教師が遣う言葉は子どもたちにとっての大きな学習環境、言葉の環境となります。

汚い言葉を遣うのは論外。

教師は知的な言葉や温かい言葉の遣い手でなければなりません。

子どもたちに吸収させたい言葉を遣う。

子どもたちに知ってほしい言葉を遣う。

例えば「観点」という言葉も教師が遣わなければ子どもたちは遣いません。

自然発生的に出てくるのを待つだけでは「言葉の力」はなかなか付かないのです。

別項で取り上げている「言葉を取り上げる」ということに加えて、教師自身が意図して言葉を遣っていくことも大切なことです。

「余韻を残すって言うよね」

「佇まいって言葉知ってる?」

「臨機応変に対応してください。この意味は……」

などなど高学年になれば遠慮せずに大人が遣うような言葉も話し、同時に意味を問いかけたり、説明したりします。

教師の発するもの全ては子どもたちの学習環境となります。

立ち居振る舞い、言動、服装など全てが見られていると考えて、子どもの前に立ちたいものです。

5 "発言しやすい"環境を設定する

多くの子どもたちが手を挙げて発表するようになるため、子ども同士が学習場面で会話できるようになるためには様々な観点からの指導が必要です。

教師が難しい発問、取っ付きにくい発問をしているのに「なぜ手が挙がらないんだ」と子どもたちに言ったところで無理な話です。

そこで子どもたちがこぞって手を挙げて意見を言うような場面を頭の中に妄想しつつ（笑）、まず授業の冒頭では「手を挙げやすい課題」から始めましょう。

「それでは前回の復習です。～の内容の条約は何条約と言いましたか？」

「この作品の作者は誰でしょう？」

「この説明文は何段落でしょう？」

「昨日は授業で何について話し合っていましたか？」

「この実験をする場合、あと一つ用意しなければならない実験器具は何でしょう？」

といった、**答えが確定している課題**を投げかけます。

そうすることで、クラスの大部分が手を挙げることになり、教師のイメージする良い光景が広がります（笑）。

「理由」や「独自の解釈」など難しいことを問い、ほとんど反応できない状態で授業が始まるとそれだけで一時間の授業全体が重くなってしまいます。

授業の導入時には「全員が答えられるような課題」から入ります。

次に授業の展開部での話し合いに目を向けてみます。

「理由」を聞いたり、「根拠」を聞いたりする場面です。こういう時は躊躇してしまう子が多くいますね。

まず大切なのは**「ノートに自分の意見が書かれている状態にさせる」**ということです。

ノートに書いてあることで「発言の際はとにかくノートをそのまま読めばいい」という状態に持ち込むことができます。これで発言に対する負荷が減ります。

よって常に「書く」という行為が必要になってくるのです。

賛成か反対か。

〇か×か。

とにかくまず一言でもノートに書かせます。

そして**まずは「結論」だけでも言えるようにする。次に理由や根拠を書かせます。**「結論を言いましょう。理由は難しければ友だちの理由を聞いて似ている理由を自分の理由にしなさい」と声かけします。高学年であれば、理由を書かせる際に「引用」することを伝えます。根拠となる教材文の箇所や資料の名前、実験名などをきちんと引用させるのです。

次に「タイミング」という話です。

例えばペアで話し合わせる場合は「話したくなるような場面」で振るのが一番効果的です。**一番いけないのは「ペア対話に逃げる」という行為**です。授業が行き詰まって「取りあえずペア対話で何となくやりすごそう」にならないようにしたいものです。

例えば国語で言えば「次の漢字のうちで仲間はずれの漢字はどれでしょう」という課題を出した時。提示された四つの漢字の中から一つ違うものを子どもたちは探します。このような活動の際、子どもたちは隣の子に話しかけたくなります。「これだと思うんだけど……」「どれにした？」ということを確認したいからです。

このような時に「ではお隣の人と話してごらん」とやると子どもたちが「話したくなっ

ている」ので、「話をさせる」という目的でのペア対話は価値があるものとなります。

タイミングよく話し合いが設定されている授業では子どもたちは話します。

最後に教師自身の話です。

教師が子どもに話をさせる際に問いかける言葉が大切です。「わかる人？」と問うのか、「どう思いますか？」と問うかでも子どもたちのメンタルは変わってきます。「何を言ってもいいよ」という時と、「よく考えて発言して」という時を問いかけの語尾で区別してあげるのです。「～は何ですか？」などは正解や事実を求めている語尾、「～と思いますか？」は何を言っても良い、という具合です。それを子どもに伝え、〝きちんと勝負してきた子〟を褒めます。


発言しやすい学習環境を教師が意図的に毎時間つくり出すこと。それはなかなか難しいことですが、毎時間毎時間意識して取り組んでいくことで教師自身の言葉がけが変わってきます。それこそ、「習慣」にまで落とし込んで教師自体が子どもにとっての〝話しやすい〟環境として存在したいですね。

様々な「言葉がけ」を意図的にする 6

多くの子に手を挙げて発表してほしい、それは教師であれば誰もが考えることではないでしょうか。

しかし、「発表しなさい」と言って発表できるようになるほど甘くはありません。

もちろん「発表すること」が授業参加の最上の自己表現とは限りません。「書いて」参加する、しっかりと「聞いて」参加する、様々に授業参加の仕方はあります。

それでも、です。やはり「発表」は促したい。そこで教師は様々に「声かけ」「言葉がけ」をしていくことになります。

それから、授業中に子どもたちの思考を促す、理解を強める、そのような場面も多数存在します。

いずれの場面でも**教師がどのような「言葉がけ」を端的に入れ込んでいけるか**です。これは、授業で学級経営する醍醐味とも言えます。以下、そのような「言葉がけ」を紹介します。私が日々遣っているもの、人から学んだものです。

●挙手する人数が多い時

「これだけ手が挙がれば圧巻だ」

「参加者の多い授業だ。いいなあ」

「人任せにしない態度が素晴らしい」

●挙手する人数が少ない時

「人任せにしている」

「ここで手が挙がらないということは話を聞いてなかったということです」

「まだ挙がりませんね。ではまずお隣同士話しなさい」（その後）「では発表します」

●手を挙げさせようとする時

「では確認の質問です」（確認の質問の時は全員手が挙がるもの、ということを共通理解させておくと良いですね）
「わからない人手を挙げなさい。はい。ではわかる人手を挙げなさい」

●難しい場面で果敢に手を挙げている子がいる時

「今手を挙げている人は挑戦者だなあ」

「間違えたら嫌だ、というレベルを超えている」

「あっているとかいないとかは関係ない人だね」

●**思考を促す・理解を深めさせる時**

「次に先生は何を聞くと思いますか？」

「次に先生は何を（板書に）書くと思いますか？」

「先生の話しそうなことを隣の人に話しなさい」

「隣の人に話しなさい。女子から」（次に男子に話させる）

●**授業の構えをつくらせる時**

「今日はレベルの高いことをたくさんきくぞ。かかってきなさい」

「先生が〝○○さん姿勢がいいなあ〟と言う。それを聞いて自分も直した人が尊いんです」

（続けて）「素直に動ける人になりなさい」

●**ノート指導・メモ指導をする時**

「もう既にノートを開けて書き出している人がいる」

「ノートを丁寧に書きなさい。先生が今からまわります」

「ノートは自分だけの参考書です。だから書き込んでいくのです」

「ノートを百科事典にしなさい」
「ノートは書きたくて書くものです」
「（大事な話をした後）ここではメモだな」
「既にメモの手が動き出した人がいる」
「○○さんはきっと今メモしている」
「今手が動いた人はメモに突入しているのかもしれない」
「メモを促されないでするのが本当のメモの達人」

●沈黙を破って発表した時

「君がいるから次が続ける」
「こういう時に発表するのは発表二回分に匹敵する」
「沈黙が来たら、そういう時こそ手を挙げてクラスを助ける存在になりなさい」
「○○さんのような存在は授業の宝石」

ここに挙げたのは一例です。そして、そもそも子どもたちの手が挙がるような発問、授業構成、学習設定が大事なのは言うまでもありません。

発言しやすい環境については別項で示しています。

7 授業の〝快適さ〟を保証する

新幹線のグリーン車に乗ると、乗務員が何回かゴミの回収に来てくれます。

ここで一流の回収と二流の回収があることに気づかされます。

一流の回収は「ゴミを出しやすい」のです。

二流の回収は「ゴミを出しにくい」のです。二流の回収は「早く出さないと」とハラハラします。ああ、出せば良かったと後悔します。まあ出さなくていいか、とあきらめます（笑）。

一流の回収は「あ、ゴミでも出そうかな（考える）」→「ゴミを取る」→「はい、お願いします（ゴミを出す）」という**一連の流れをゆったりさせてくれます。**

この違いは何なのか。

それは微妙なスピードの違いです。

一流の回収者（笑）は、一両の中を歩く時のスピードがゆったりしています。

そこには次のような意識が働いている（であろう）と考えられます。

「ゴミ回収に行こう」→「お客様が出せるスピードで歩こう」→「ちょっとゆっくり歩いて車両を通り抜けよう」。

二流の回収は「ゴミを回収する」ことしかイメージしていません。

例が長くなりました。翻って教師はどうでしょうか？

机間巡視。机の間を歩くことが目的になっていませんか？

何のために歩いていますか？　そして歩く時も、

「子どもたちが困っているサインを出しているかもしれない」

「石化している子がいるかもしれない」

「聞きたいけれど聞けない子がいるかもしれない」

といった、**「付随して予測される子どもの動き」まで想定に入れて机間巡視をしたい**ものです。

どの子も快適に授業を受けているかどうか。このことは私たち教師がアンテナを張り巡らせることと、何のためにその授業行為をしているのかをきちんと確認しながら授業をすることで実現していくものなのです。

8 〝ちょっと〟立ち止まる

授業ではちょっと立ち止まる習慣が必要です。

私たち教師は子どもたちに発問したり、投げかけたりして子どもからの反応がないと、フォローしようとしてすぐに色々としゃべってしまうことがあります。

しかし**ちょっと我慢して子どもたちの様子を観察してみることでわかることが**あります。

言おうとして言えなかった子がいる。

全体的に反応がない。指示が通っていないのか？

まだこの発問の段階ではないのか？……などなど。

また、教師が一人の子に発言を促して、すぐに反応が返ってきた場合も注意が必要です。

「そうだよね」「それは○○の場合だね」などと教師が、発言した子にすぐに返してしまっては他の子の発言者に対しての反応がわかりません。

一人の子への対応が、全体への隠れ指示になってしまっていることがあるのです。

教師は子どもの行為に反応する職業である、という大前提が思わぬ足かせになる時があるのです。

一人の子の発言を、まず他の子と一緒に聞き浸ってみる。

発言後のクラス全体の反応を感じる。

それから教師は動き出す（話す）。

ちょっと立ち止まる習慣を付けることで、教師の視界は広がります。

9 豊かな発想を生む数々の布石

一つの事象を見てたくさんの発想、豊かな発想が出てくる教室にしたいものです。そうなれば当然授業は盛り上がります。

そのためには子どもたちが「柔らかい心」を持っていることが必要になってきます。

「柔らかい心」が「豊かな発想」を生みます。

それには様々な布石を打っていくことです。

スキマを見つけては読書させる。

新しい言葉と出会わせる（新しい言葉や珍しい言葉を教師がスルーしない）。

言葉にこだわる（出会った時に辞書引きする、遣い方にこだわる、ニュアンスにこだわる）。

「極端」を認める。

自分を出せる教室の雰囲気をつくる。

聞いてくれる仲間がいる集団にする。
面白がることができる心を持たせる。
ヤジが出ない集団にする。
ノートに自分の意見が書かれている。
そして、もちろん発問。発問一つで発表がなくなることもあるから授業は怖い。
課題設定。あたりまえすぎず、かといって奇抜すぎる課題でもない。
様々な布石と発問から、「豊かな発想」が出てくる空間は生み出されます。
その空間はまさに、教室が一つになっている瞬間なのです。

Chapter2
子どもの
学力を高める！
習慣16

10 「観客」を「アクター」に変える

授業は「観客」である子どもをどう「アクター（登場人物）」に変えるかの行為です。当事者意識のことです。子どもたちは最初「観客」、「見物人」です。

それが先生の課題設定によって、発問によって、だんだんと主体的に動き出す舞台の登場人物、「アクター」に変わっていく……。

その時授業は〝熱〟を帯びてきます。授業の温度がギューッと上がっていくのがわかります。

例えば詩の授業ではそれまで平面的に字面を追っていて見えていなかったものが、読みとり方を知って立体的に見えた時、子どもたちは感動します。

六年生で習う「やまなし」の描写の素晴らしさはなかなか口で説明しても伝わりません。しかし、一度子どもたちに川底のかにになって川の中の様子を書かせ、比較すると賢治の描写のすごさが浮き彫りになってきます。

「アクター」に変えるためにはどうすればいいのか。

それは「どこで子どもに感動させるか」を授業づくりの柱の一つにすることです。

小さな感動、大きな感動……。感動の種類、それは様々です。

算数の問題を「解けた！」という感動。

作品に仕組まれた作者の技に「やられた！」という感動。

人の顔を描く時にこんな描き方があったのか！と、「技術を手に入れた！」という感動。

軸を「感動」に置いて授業をつくる。

これが「観客」を「アクター」にするための教師の授業の習慣です。

11 子どもの「ファン」になる

クラスに読書家の田中さんという子がいました。読書家の子はたくさんの言葉を持っているため、文章も実に豊かな内容になります。作文や、感想文などを書く時には、私はその田中さんに次のように声をかけていました。

「田中さん、今回も期待しているよ。君は豊かな言葉を持っているからなあ。とことん勝負してね」。

このような声かけを毎回行っていると、ますます田中さんは文章を書くことに対して自信を持つようになりました。

書き出しが上手な斉藤さんには、

「書き出しといえば斉藤さんだから」

と言い続けていました。

絵が上手な森野さんには、

「この屋根の部分、もっと色をたくさん使った方が良いと感じるんだけどどう思う？」と風景画の話を持ちかけました。

他にも**「さすが○○さん、あなたのその書き方はいつも説得力があるなあ」**と言ってその子の文章をコピーして全員に配ることをしていました。

計算の得意な子には全員の前で**「ちょっと○○君、これあっているかなあ。計算して！」**と振っていました。

これらの先生の「言葉」は、言われた子に大きな自信を育みます。「僕はすごいかも」「私はこれに関しては誰にも負けない」「～なら任せて！」という絶対的な自信です。そういう子はそのことに一層のめり込むようになり、ますます頑張ります。そして他のことにも頑張って取り組むようになります。

人は期待されると頑張りたくなります。教師は子どものファンになるのです。

自信を付けさせる「言葉」を持ち、子どもに声かけをし続けましょう。

その言葉は、その子が得意とすることや興味のあることに対して遣うのです。

その子の良さをうまく見つけて、ファンになる。そしてそこにどんどん特化していけるような言葉をかけ続けましょう。

12 日常的に「辞書」を引かせる

「子どもたちが日常的に辞書を引くようになるにはどうすれば良いでしょうか？」といった話をよく聞きます。

子どもたちが日常的に「辞書」を使っているクラスの一番の要因はなんでしょうか。

それは明らかに「先生のスタンス」です。

〝日常になるか〟は先生のスタンスが決めています。

「辞書」ならば、まずは授業時間内で辞書を使う場面を何度も設定する。

新出漢字の学習で意味のわかりにくい熟語や言葉が出てきたら「辞書引き」と子どもたちに呼びかけて辞書を引かせます。

その際**辞書はすぐに取れる所になければなりません。**子どもがいちいち後ろのロッカーに取りに行けばそれだけで授業の空気が濁ります。時間もかかります。机の横にかけさせるのが良いでしょう。

辞書をロッカーに置いている、という時点で「非日常品」として扱っていることになります。ここにまず教師のスタンスが表れます。机の横にあれば教師もすぐに辞書を引かせられるので時間がかからず、教師自身が億劫ではなくなるのです。

次に子どもたちが自ら辞書を使えそうな場面はどこなのか。

それは作文を書いている時です。作文を書いていると「わからない字」が出てきます。それを国語辞典で調べさせるのです。

最初子どもたちは教師に「○○ってどう書くのですか」と聞いてきます。その時に「辞書で調べてごらん」と子どもに調べさせます。教師も付き添います。そして見つかったら「ほら、あった。次からはわからない漢字があったら自分でパッと調べて作文を書き続けられる？」と声をかけます。

そして次が肝心です。

「次の一人目」を探すのです。辞書を自ら使った子です。その子を必ず見て取って、「お、○○さんは自分で勝手に辞書を引いて作文を書いている。たいしたものだ！」と力強く褒めます。

そのうちに作文の時間には机の上に辞書をあらかじめ置いておいて書き始める子も出て

きます。

このようなことを繰り返していると、学習の途中でわからない言葉が出てきたら取りあえず辞書を引いてみる、といった子がポツポツと現れ出します。もちろんそういった**「自発的に辞書引きをした子」はその都度褒め、クラスに浸透させていき**ます。

最後の詰めとして、国語の時間などで物語文の感想などをノートに書かせる際にも「辞書で調べてみると……」といった書きぶりを奨励します。

これらは一部の例ですが、このようなことを経て「日常的に辞書を使う子」「日常的に辞書を使っている集団」は誕生するのです。

13 授業中に「メモ力」を鍛える

①「今がメモを書く時です。」
②「今、メモ書いた人がいる。」
③「今、メモ書こうと思ったでしょ？」
④「今、メモ書いた人いる？」

これらの言葉がけは似て非なるものです。

子どもたちに「メモできる身体《からだ》」を身に付けさせなければなりません。

鍛えるのは授業中です。

言われてする勉強から脱却する行為が「メモ」です。特に高学年の子どもたちにはそのことを伝え、実際にメモする場面を何度も経験させます。

まずは教師が板書せずに「授業に関連して大切なこと」を話します。

例えば国語で「やまなし」を学習しました。その際に「賢治はこのような人だったらしいよ……」と雑学的なことを話します。子どもの中から出てくる場合もあるでしょう。その時にまず①です。

「今がメモを書く時です。先生が黒板に書いていることだけをノートに書いてもそれは全員同じことをしているだけ。全員同じならコピーでいい。ノートは各自が自分だけのメモを書いていくことでオリジナルなノートになっていくんだ。世界で一つのノートになっていくんだ。」

と話します。

このことを何回か繰り返すと、次にあえて「メモできそうな話題」を振った時に「自分で判断してメモしようとする子」が必ず現れます。

その瞬間を見逃さずに②です。「メモ書いた人がいるよ。さすがやなあ。誰だと思う？」と目一杯取り上げて褒めます。

もしメモした子がいなければ③で大丈夫。「メモ書こうと思ったでしょ？」で子どもも「う、うん！」となります（笑）。

最後の詰めです。

メモを教えた日からしばらく経って、メモすることを忘れがちになる頃、意図的にメモしてほしい場面をつくり出し、④です。

「今、メモ書いた人いる？」。もしここでメモしている子がいたら、あっぱれ。「君は、もうメモが習慣になっているね。立派な学習技能になっている。一生使える武器を手に入れたんだ！」と力強く褒めちぎりましょう。

メモを書くことで「勉強」は「わくわくする勉強」になるのです。

言い忘れるところでした。

メモを子どもたちに自信を持って奨励するには**教師自身が「メモをする人」であること**がベストです。ここで一句、

メモ指導　自身がメモして　自信持つ

お粗末様でした（笑）。

14 万能アイテム！短冊

白紙を縦に二つに切った様々なサイズの「短冊」は重宝します。
四月の自己紹介カードとして。長い休み明けにはその短冊にキーワードを書かせて「夏休み一言掲示」に。その短冊を使ってキーワードスピーチもできます。一言を提示して、他の子から質問する形で話をさせるのです。学期の目標を書かせて掲示。授業中の意見を書かせて黒板に貼って眺める。

準備は短冊を四月のスタート時に大量に用意しておくだけ。いつでも短冊を使えるようにしておくと授業中にもサッと配布して掲示できます。私の教室にはB５やA４の白紙が常にたくさん置いてあるのですが、文章を書かせるのにはそれでいいのですが、ちょっと短冊になっていることで授業中の意見の集約などには役に立つのです。

ただ二つや三つに切るだけで用途の幅が飛躍的に広がるのです。授業教具などの「準備」はできるだけ時間がかからないのがベストです。万能アイテム！短冊、なのです。

考えさせる付箋

15

子どもたちが作文を書いている。

子どもたちが絵を描いている。

子どもたちがノートに計算をしている。

子どもたちが裁縫をしている。

子どもたちがノートに調べ学習をしている……。

おもむろに先生が歩き出し、机の間を歩きながら子どもの机に付箋を貼っていきます。黙って。
五、六人の子の机に付箋を貼り終わってから教卓に戻り、こう言います。
「では手を止めなさい。今、先生は仕事を終えました（ニヤリ）。では、静かに旅立ちなさい」

子どもたちとの間に既にルールができていればこれだけでOKです。

子どもたちは付箋の机を回りながら考えます。

なぜ付箋が貼られたのか。

付箋が貼られている友だちの共通点は何なのか。

そして自分たちで答えを見つけていきます。

「あ、書き出しが上手だなあ」

「色の塗り方が丁寧だからかな」

「計算式を最後まで手を抜かずに書いているなあ」

「縫い目がそろっているなあ」……。

付箋をうまく活用して、子どもたちに目印だけ与え、考えさせるのです。

このような場合、当然ですが「プラス面」の観点に限ります。欠点を浮き彫りにするようなことはしません。

ただ、次のような場合は別です。

ユーモアとしてですが、「今から付箋を貼られた人は書き直しです」と字を丁寧に書かないやんちゃ君をターゲットに声かけするのです。子どもたち、急いで書き直していますよ（笑）。

後日、黙って机間巡視をしながら付箋を貼っていきます。やんちゃ君は貼られた付箋を見て、「あれ？　何か注意されるのかな……（汗）」と思います。周りを見回すと〝仲間〟も立っている（笑）。「う～ん、微妙やなあ……（心の声）」しばらくして、私（教師）が言うのです。

「今付箋を貼られた人立ちなさい」

……（沈黙）……。

「君たちは書く力がとても付きました。前回よりも大きく成長しているよ！」

「やった～!!」

という具合に演出します。

「付箋」はただ目立たせるためのもの、ではありません。**〝意図を持った〟使い方によって、もう一歩の意味合いを、効果をもたらしてくれる**のです。

16 聞き分けさせる

子どもたちの話し合いで出てきた意見を教師が黒板にまとめていきます。その後しばらく板書した上で子どもたちに次のように問いましょう。

「先生は次にどこに書きますか？」

もちろん教師が子どもの意見を黙って右に、左にと書き分けている場合です。どこに書くかピンときた子は考えながら聞き、考えながら書いている子です。

子どもたちはほとんどの場合、ただ漠然と友だちの意見を聞き、黒板の文字をノートに写しているだけです。それでは頭は回転しません。何も考えません。

教師が先のように問うことで次からは仲間の発言をカテゴライズしながら注意して聞くようになります。意識して書こうとします。

また、何人かの意見を聞いておいて、「今の意見の中で一人だけ違った意見を話した人がいたよね？　それが誰かわかる人？」といった投げかけも高学年にはしたいものです。

このような声かけと共に、〝考えて〟聞いている子を褒めることで、そのような子を増やしていきます。

教師は意図して板書し、そのことを子どもたちに振る。そのためには、**教師自身が子どもたちの意見をしっかりと聞き分けていること、聞き分けようと努力していることが大切**です。

日常の授業で繰り返し繰り返し続けていくのです。その結果、常に頭を使って能動的に聞ける子が生まれていくのです。

17

「再現」できるノートづくり

四月、授業が始まると同時に子どもたちの「ノートを取る行為」も始まります。「ノートを取る」という行為は知識を身に付ける、学習事項を振り返ることができるという目的はもちろんあるのですが、子どもたちには「授業でした勉強を再現できること」ということをベースに声かけをしていきます。

「後からノートを見て、ああこんな勉強したなあと思い出すことができますか？　思い出すことができるノートが良いノートです」と話します。「時々ね、何が書いてあるか読めない、という究極の残念なノートが発見されることがあります。そういうノートは問題外です。それは勉強を何もしていないのと同じです」とユーモア混じりで話すこともあります（ノートを取ることができない子には板書の画像を渡すなど別の手段が必要です）。

再現できるノートになっているか、は授業の終わりや数時間授業が終了した段階で次のような活動を入れることで確認できます。

「ノートを開いてどんな授業だったか隣の人に説明しなさい」

最初は教師が見本を見せます。板書を前にして話して見せるのです。途中まで教師が話し、その後子どもたちに言わせてもいいでしょう。

慣れてくれば隣同士で話をさせます。

話しにくい子も隣の子の説明を聞くことができるので参考にできます。この際に自分のノートを相手に見せながら話をしなければならないので**「ノートをきちんと書いていなければならない」という軽い強制力も働き**ますし、ノートを書くことが苦手な子は**「相手のノートの書き方を参考にする」という場にもなる**のです。

ちなみに一年生はまずは先生の書いたことを正確に視写できているか、ということを保証してあげましょう。

ノート指導は、「再現できること」をベースに別項で示した「ノートのレベル」の話をしながら進めていきましょう。

18 一学期にする「ノートの書き方」の授業

中学年以降の子どもたちには、次のような「ノートの書き方」の授業を一学期にしておきます。

まずはノートのレベルの話をします。

レベル1は「板書をきちんと写せる」こと。
レベル2は「自分の考えをその都度書ける」こと。
レベル3は「クラスの仲間の意見や教師の話をメモできる」こと。

次に様々な思考ツールの紹介です。

例えばマインドマップ。マインドマップは現在様々な教育場面で取り入れられています。マインドマップの実物はパソコンの画像検索でいくらでも手に入りますから、とにかく実物を見せることが効果的です。「同じカテゴリーのものを同じ色で書き分けていく」ということだけでも理解できれば見よう見まねで書いてみることはできます。

他にも様々な思考ツールがありますね。色々な「チャート」などです。インターネットで簡単に検索できます。シンプルなものを選んで数種類を提示します。

自分の考えをつくっていく時や、クラスで出た意見をまとめていく時に使えると便利です。

またそれらの思考ツールは、「自主学習」をする時にも役立ちます。まとめ方の参考になるのです。

ただ、あくまでも様々な「ツール」に振り回されないこと。「ツール」をつくることが目的になってしまってはいけません。

マインドマップなどの思考ツールは、思考の過程を助けるものであり、授業を受ける児童生徒の学習をスムーズにさせるものです。目的ではなく、手段です。

さて、一学期にこうしたことに触れておくと、その後授業の板書をマインドマップで取る子なども出てきます。次のノートは六年生「やまなし」（宮沢賢治）の学習でそれぞれの主題を発表し合っている時のものです。この子は一学期に学んだマインドマップを使って主題を観点別にまとめていたのです。

〝使える手だて〟を持たせることで個々にまとめ方を選択できるなんて素敵ですよね。

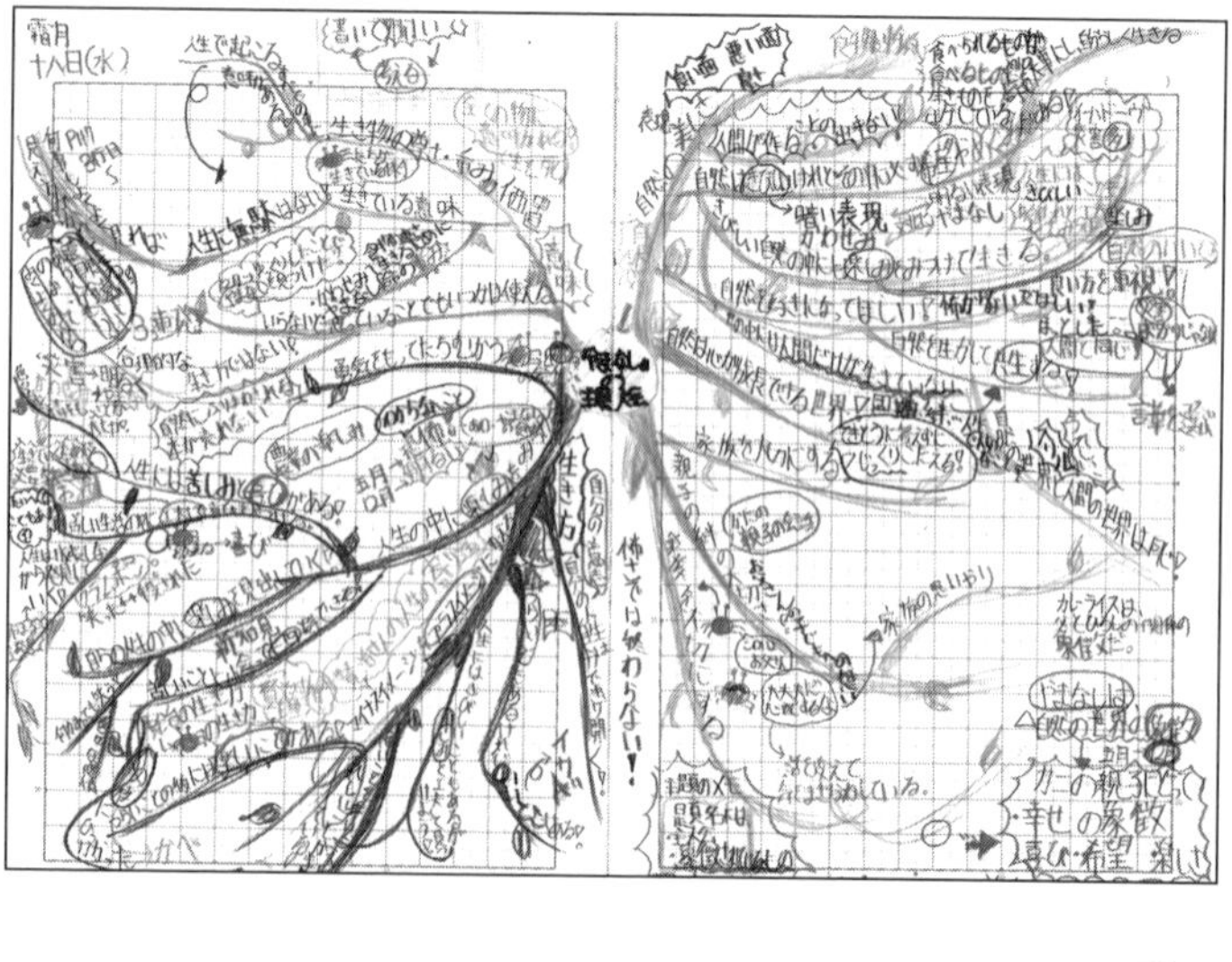

19 授業プリントは全て貼らせる

授業で配ったプリントは全てノートに貼らせます。ですから、配るプリントの大きさはできるだけ貼る際に加工しなくても良いサイズにします。

一般的に使われているノートはＢ５サイズで、開くとＢ４の大きさです。ですから、プリントはＢ５、Ａ４であれば一切の加工なしにすぐに糊を付けて貼ることができます。大きめのＡ４のノートなら開けばＡ３サイズなので、Ｂ４サイズのプリントがそのまま貼れるという良さがあります。プリントはノートに貼らせて一元化しておけば場所も取らないし、紛失も防げます。**ノートを見返せば全ての授業に関する資料が出てくるというベストな状態**になります。

そして貼らせるのは授業中です。「家で貼ってきなさい」で貼ってこられるのは一部の子だけです。必ず授業時間中に貼らせるか、時間がなければ帰りの会の一部を使って貼らせます。学校で完結です。

20

「ワークシート」は使う意味を吟味する

国語の授業は基本「ノート」を使って進行します。ただ書く、のならノートでいいのですが、時としてワークシートを使うことがあります。

・ワークシートに書かせることが、子どもの思考を促すことになる。
・学習のステップアップになっている。
・ワークシートに書かせてすぐに回収してコピーして全員に配りたい。
・枠組みだけを印刷しておき、ノートに枠を書くような、しなくても良い作業時間を短縮する。
・ワークシートでヒントを与えながら（子どもの考えを助けながら）授業を進めたい。
・学習面で配慮の必要な子に対して。

など、使うならば**使う意味のある場合**です。

次にワークシート作成にあたって気をつけることを挙げてみます。

●シンプルである

作るのに多くの時間がかかるようでは現実的ではありません。

●余白がある

ワークシートには余白を取っておきます。子どもたちが考えたことを余白にメモできるようにするためです。

●考える余地が残されている

結論や肝の部分は自分で考えて書き込ませるようなつくりにします。そうでなければ結論を伝えるためだけのものになってしまいます。あくまでも子どもの思考を促す、**「考える余地が残されているワークシート」**であることです。

●子どもの視線がテキストとワークシートを往復するものである

ワークシートだけを見てどんどん入れていけるものもあっても良いですが、それは「ドリル」です。ワークシートは、テキストとワークシートを往復しながら書き込んでいけるものが、適度な負荷があって思考を促すには良いと考えます。

●個に合っている

これが一番大切な概念です。本当はワークシートを導入するのならば個別に違うものであって然るべきなのです。しかしそれはあまりに時間がかかり不可能です。そこで数種類用意するなどし、子どもが自分と相談しながら選択し、書いていくといった方法が取れるならばすべきです。

●極力子どもから質問が出ないこと

個別の質問にいちいち答えるようなことになっては授業になりません。質問が極力出ないようなものを作成したいものです。

●見た目にも注意する

細かいことですがワークシートを形作る「囲み線」や「吹き出し」、「フォント」にも注意を払いましょう。**線一つでも子どもたちはそこにメッセージ性を見いだそうとします。**線の太い、細い、吹き出しの大きさ。読みにくいフォント、書くスペースなどはそのもの自体が子どもの思考を促しもすれば狭めてしまうこともあります。太い線で囲まれている所は一番大切な所である、など効果的に、そしてシンプルなルールで線や吹き出しを使い分けましょう。

使用したワークシートは、必ずノートに全て貼らせます。

21 「感想文」でサンドイッチ

国語の授業では単元を感想文でサンドイッチにする方法を取っています。大きく三つの流れで単元を組みます。

1：「出会いの感想文」を書く
2：授　業
3：「まとめの感想文」を書く

新しい単元に入るとまず、初めて教材文を読んだ段階で子どもたちに「出会いの感想文」を書かせます。

子どもたちはまだ授業を受ける前なので、それまでの既習知識と自分の考えを最大限に駆使して教材と〝出会う〟ことになります。

例えば「情景描写」を学習していればその学習を生かし、新しく出会った教材文の中で「情景描写」を探し、取り上げて書きます。感想文は「三つの柱」で書かせます。

1：内容面
2：表記面
3：自分の感想・考え

内容面は、文章を読んだ感想や自分が受け取ったこと、新しく知った事実などです。物語文では「主題」、説明文では「要旨」などが中心となります。

表記面は作者の用いた表現技法や筆者の論の進め方などです。

これらの記述の際に「自分の感想・考え」などを随時挿入していきます。

「出会いの感想文」が書けたら授業に突入します。教師は子どもたちの出会いの感想文を読むことで「ああ、結構内容理解できているなあ」とか「少し理解がずれているな」といったことを感じることができます。そこで「この発問の前に補助発問を入れよう」とか「この活動は省こう」といった予定していた授業展開の調整、修正ができるのです。ここが感想文を書かせる利点でもあります。

「感想文」を読んでおき、時にはメモをしておくことで子どもたちの現段階での理解度や意識を把握して授業を進めることができます。まるで〝授業のカンニングペーパー〟のようなものだなあ、と実感しています。

次に「まとめの感想文」ですが、授業で学習したことを入れるように促します。単元の最初の授業が始まる時に、「今日からの学習は全て最後に書く『まとめの感想文』につながっているからね。一秒も学びを無駄にしないようにしよう」と声かけをします。子どもたちの授業に向かう意識も高まります。そして何より自分が受けてきた授業をもう一度単元の最後に振り返ることができるのです。

教師は子どもたちが学びを明確に記述できるように授業で取り上げることを「焦点化」せざるを得ません。これもまた「まとめの感想文」を書かせる大きな利点です。

また、感想文はテストとは別の評価の対象として活用できます。ノートを見て「授業内容を再現できていればB」「加えて自分の考えが本文を根拠にまとめられていればA」などと市販のテストでは得られないその子だけの評価を手にできるのです。

このように「感想文」を書かせることは子どもたちにとっても、教師にとっても大きなプラスなのです。

また、この方法は他教科でも使えます。学習前、学習後の自分の姿をメタ認知することは全ての教科に組み込みたい活動だと実感しています。

22

「授業の感想（まとめ）」は書かせる意味のある時に

研究授業を参観させて頂くことが増えました。その際に毎時間「授業の感想（まとめ）」を書かせています、というケースをよく聞きます。

大切なのは、「書かせる意味はあるのか」ということです。形式的になっていないか、ということ。

書かせるだけの内容のない授業になってしまった時は書かせる必要はないのです。

書かせる時は意図を持って書かせましょう。

・たくさん手が挙がっていたけれど、話を聞けなかったからその子たちの考えを知りたい。
・授業の内容を全員きちんと把握しているだろうか確認したい。
・きちんと自分自身で授業内容を整理させたい。
・最後にまとめを書かせることを繰り返すことで「振り返って書く力」を付けたい。

このように**書かせる意味のある時だけ書かせれば良い**のです。
形式的に書かせているなあ、惰性で書かせているなあと感じる時はやめましょう。
逆に、その時の授業の雰囲気を受けて急遽書かせることもあります。
「書くもの」と決めつけてしまうことを避けましょう。
授業行為は「少し考えて」行うことを繰り返したいものです。

23

〝全員参加〟の確認と手だて

あたりまえのことですが、「全員が授業に参加できているかどうか」を毎時間意識しなければなりません。

授業に参加できているかどうかを確認し、参加を促す手だては色々とあります。

●目視で全体を眺めて確認する

正確ではありませんが、やはり生身の教師がすぐに実行できることです。教室全体を見回して意識がきちんと授業に向いているか感じ取ります。手遊びをしている、隣の子と話しているなどわかりやすい脱線から、下を向いている、こちらの方向を向いているがボーッとしている……などちょっとした〝違和感〟まで日々の授業のライブ感を磨いておきたいものです。参加していないような空気を感じたら、その都度声をかけます。「先生に目をください」「手を机の上に出します」「今の板書をもう書けている人は手を挙げなさい」など参加させる声かけを頻繁にします。

●発表や挙手で確認する

挙手している子を確認したり、挙手を促したりします。発表に対する自己評価（別項「発表を促すための『自己評価』」参照）で挙手に対する意欲を高めます。

また、「今日の授業に参加できた人？」と投げかけ、その後**「どの参加ですか？」と「発表」「考える」「書く」のどの参加なのかを直接問う**ことも有効です。それを何回か繰り返すうちに子どもたちが自分の今の「参加度合い」を意識するようになるからです。

●書かせて確認する

全員が書けていたら全員参加が保証されています。授業終了後にノートを回収して確認できます。授業中は「書けたら立ちなさい」や、「書き出した人が五人」などと声をかけ、促します。机間巡視をしながら誰が書けていないのかを確認し、授業の進行を調整します。

最後に教師サイドの話ですが、授業に全員参加の工夫をすることは言うまでもありません。

それは、子どもたちが興味を持ちそうな活動名を考えることから始まっています。

社会や理科では実物を導入で使うことが有効ですし、国語でもいきなり国語のノートの紹介から入ったり、関連する書籍を読み聞かせることなどもできます。算数では前時の復習として黒板に問題を解きに来させてもいいでしょう。列で立たせて、短い問題をズバズバとあてていくのも教室にほどよい緊張感が走り、有効です。

この時大切なのは授業の「リズム」と「ユーモア」です。常に教師の顔は笑顔。そしてリズム良くポンポンと進めていきます。

授業展開に関しては、「今何をやっているか」「今どのことを話しているのか」が明確なことです。そのために「今板書のどの部分を話していますか？　指を指してごらん」と座ったままその場所から黒板に指を指させます。直接指名して、「○○さん、今話している話題を言ってごらん」と聞くこともあります。

教材では、社会科では子どもたちの住んでいる地域の写真を撮ってきて使うことや、ＮＨＫの映像教材もよくできていて使えます。視覚化して伝えることで全員の子の視線が一気に集まり、学習に集中できます。

理科では班ごとの活動が多くなると思いますが、その際は全員参加の手だてとしてチェック機能を働かせることが有効です。班長が全員のノートを確認できたら次に進める、などの制約を設けるのです。班でそろって教師の所にノートを見せに来て、教師のＯＫが出たら実験に移れる、ということもやります。

算数では隣同士で説明させたり、ダウトの含まれた考え方を提示して直させることも子どもの意識を向けさせる手だてとなります。

国語では教材に色をつけてわかりやすく提示したり、学習事項を焦点化して提示したりします。お話の間に自分で考えた続きを挿入させたり、この作者だったらどう書くか？と問うなど当事者意識を持たせる活動を組みます（もちろん「ねらい」を達成するための手だてとしてですが）。

また、子どもたちに問いかけながら意図的な板書をし、常に受け身にならせないことも大切です。

本稿では大枠だけを述べるのに留まりますが、教科の細かいことを言えば手だては無限に存在しますし、それを考えるのが教師の本分です。

いずれにしても教師が教材に惚れ込んでいる時、授業は活性化し、子どもたちをより惹きつけるということを最後に付け加えておきます。

24 言い切る

子どもに自分の考えをノートに書かせます。

国語や社会で自分の意見を考える場面などです。

一つに絞れない場合は「思いついたことを全てノートに書きなさい」と指示します。

そして「迷っている人は先生の所に持ってきなさい」と声をかけます。

その時に瞬時に個別指導していきます。

そこでは「これがいい」「これにしなさい」と「言い切る」ことも大切です。

子どもたちに悩ませ、考えさせてこちらが明確な考えを提示しないまま進めることももちろんありますが、子どもたちの書いたものの中から「これ」と言ってあげることも大切です。

子どもたちに「指導」するのが授業です。国語などはとかく子どもの考えを尊重するあまり、「指導」がおろそかになる場合があります。

体育のように、**「こうするんだよ」「これが正しい姿勢だよ」と示してあげる**ことも必要なのです。

「こちらにしなさい」という言い切りだけではありません。

主語がおかしい。

ちょっと本筋とずれている。

これはこの人の行った政策じゃないから違うね。

この表現だったらまるで～に聞こえる。

この主題はわかる。でもこれは教材と関係している？　どこからそう思った？

などなど様々にその場で言い切っていくイメージです。

また、これだと示してあげることで、次の「発表」の段階で安心して発言することができます。

言わば先生のお墨付きをもらっているようなものですからね。

教師は、ズバッと言い切ることをためらってはなりません。

遠慮せず言い切るのです。

25 「沈黙」を確保する

授業中の「沈黙」、不安になる時がありませんか？　子どもたちに意見を聞いたり、子どもたちに話し合いをさせているような場面です。

教室での沈黙三十秒は何分にも感じられます。ましてや一分などもう耐えられたものではありません（笑）。

教師はついしゃべってしまおうとします。

しかしあえて待つことも大切です。

子どもたちに話し合わせようとしている。発表がなかなか続かない。沈黙が生まれる。

しかしここですぐに教師がフォローを入れては子どもたちの考える時間を奪ってしまいます。

子どもたち自身が「沈黙」を困る場面が必要です。

沈黙をなんとかしたい。こういう時はどうしたらいいのだろう。

こういう時教師はちょっと待ってみます。子どもたち全体の様子を観察します。

するとAさんが何とかしたいという顔になっています。お、B君は急いでノートを見出しました。

そしてもし、「えっと……他にないですか？」というようなことを言い出す子がいれば目一杯褒めます。

しかしそれはなかなか難しい。そういう時に教師が**話し合いの「つなぎ言葉」をアドバイス**します。

「話を変えてもいいですか？」「もう一度最初のテーマに戻ってみましょう」「誰か新しい意見ありませんか？」「まだ一度も意見を言っていない人はいませんか？」などと、長い沈黙をつくらないつなぎ言葉を教えていくのです。

あくまでも**教えるために「沈黙を破る」のは「沈黙」を経験させた後**です。

もし内心ハラハラしていてもニコニコして待つのです（笑）。

また、意図的に「沈黙」をつくり出していくことも大切です。

子ども同士が納得して頷いたり、腑に落ちて目を輝かせたり、疑問に思って首を傾げたりする時間をきちんと確保するためです。

Aさんが発言した。そこで教師がすぐに声に出して反応してしまっては他の子が反応できません。**「ああ～」とか、「なるほど！」と言って子どもたちがする「反射的な反応」を大事にしなければなりません。**教師の〝即反応〟は、結果的に子どもの反応を押しとどめてしまうことになります。これは危険です。

学習の基本は仲間の発言を聞けることです。

さらに「聞いて反応できること」です。

教師が沈黙をつくらずにすぐに反応してしまってはその大事な場面を奪うことになり、危険なことなのです。

Chapter3

学級を
アクティブに変える！
習慣13

26 テンションのコントロール

授業を受ける子どもたちのテンションには様々あります。

今日はちょっと教室が暗いなという日。

それから体育の後の授業。どうですか？

夏休み明けの最初の授業。長い夏休みがあっての最初の授業はなかなか集中できない子も出てきますね。

様々なケースはありますが、このような「もともと全体がノリにくい状態」と予想される場合は工夫してテンションのコントロールをしなければなりません。

このような時は「子どもの目線が一点集中する課題」から始めることが有効です。

国語の漢字学習を例に挙げてみます。
・漢字の間違い探し。
・複数の漢字から一つだけ「仲間はずれ」を探す。

・複数の漢字からペアになるものを探す。

一点集中の場面は「選択させる」ことから生まれます。選択制であれば、どの子も参加しやすくなります。

漢字学習はちょっと工夫することで、「一点集中場面」をつくり出すことができます。子どもたちに提示する問題は正解が一つだけのものから始まり、「正解」が複数出るようなものに移行していくと良いでしょう。

正解が複数出るものは、仲間の意見にそういう見方もあるのか～と驚いたり感心したりする場面も生まれますし、様々な角度で必死に考える場面をつくり出すことができます。また、このような学習では子どもたちが「話したい」という場面が生まれます。自分がこれ、と思った漢字について確認したり、他の友だちの考えを聞きたくなるからです。その時が「話させる時」です。別項でも述べていますが、「話させる」場面は子どもの「話したい時」に設定すると盛り上がります。漢字の「仲間はずれ」を考えながら子どもたちは自然としゃべり出すはずです。その瞬間「ではちょっとおしゃべりしてみましょう」と投げかけます。

逆の場合の「テンション」もあります。

テンションが上がりすぎる時。この時は注意が必要です。

研究授業などで子どもたちが普段通りできるかどうかは気になるところですね。緊張してテンションが沈んでいたら焦ります（笑）。

しかし、テンションが上がりすぎるのも考えものです。先生は子どもたちのテンションを上げようと最初にゲームをしたり、お話をしたりします。それは良いのですが、そこであまりテンションを上げすぎないことが大切です。**ちょっとあたたまってきたぞ、くらいがちょうどど**です。

学習クイズなどで盛り上がった時、クラスのキーパーソンとなるやんちゃ君がノリすぎてしまうことがあります。そのノリは時として暴走を生みます。その暴走はクラスを先導して全体的な波となります。そうなると、教師の発問に対して何だかふざけているような、微妙な進行の授業になってしまうのです。

子どものテンションのコントロール力は**日々の授業の子どもたちから発せられる雰囲気を日々意識して感じ取っていく**ことで鍛えられるのです。

27 授業スタート時の「学習クイズ」

授業のスタート時の雰囲気は大切です。

ちょっと空気が沈んでいるなあ、という時は短い時間でも良いので「空気を変える学習クイズ」を取り入れます。

国語の授業で簡単なのは「漢字の読み方クイズ」です。「魚偏の漢字」や「昆虫の名前」「果物の名前」といったわかりそうでわからない漢字の読み方をクイズにします。それだけで子どもたちの顔が上がります。

そのうち子どもたちから「自分で問題を出したい」と言う子も現れます。次回にその子に出題させてもいいでしょう。あらかじめ出題者を決めて考えさせておくのも手です。

社会科では「地図記号クイズ」や「県名シルエットクイズ」「わたしは誰でしょうクイズ（県名をあてさせます）」などが有効です。

理科では「聴きなしクイズ」も面白いです。数種類の鳴く虫の鳴き声をあらかじめ聴かせておきます。そしてどの声でしょう?とクイズにします。

「エンマコオロギ」「スズムシ」「アオマツムシ」「キリギリス」「カネタタキ」など町中や子どもたちのそばで聴くことができるような虫を取り上げます。今はユーチューブなどで鳴く虫の声がアップされていますから、すぐに声を確認できる便利な時代になりました。

「学習クイズ」は盛り上がりますが、盛り上がりすぎて一時間丸ごと使ってしまわないようにご注意を……。

28 「面白いこと」を授業する

授業づくりでは「面白そうだからできたネタ」も大切にしたいものです。

「どうしてこの授業をするの？」「面白そうだから」。

これもあっていいじゃないですか。そういう授業は子どもにも刺さります。とは言っても当然「全く本道とは関係ない」授業になるようなネタを指しているのではありません。

例えば外国の昆虫の標本が大量に手に入ったから授業で昆虫の体を観察させて（理科）、絵を描かせよう（図工）。そしてそれをTシャツにしよう（家庭科）。こうして「夢虫に昆虫精密画」の授業が生まれました（詳細は啓林館さんのＨＰ「私の実践・私の工夫」参照）。

広島の原爆資料館で貴重な資料が手に入ったから戦争関連で道徳の授業をしよう。

福井の恐竜博物館で教材として使えるエコのポスターが手に入ったから総合的な学習の時間の「環境」の授業で使おう。

面白い言葉の本が手に入ったから国語の投げ込み教材として一時間の言葉の授業をしよう。

「面白い授業ネタ」はいつ手元に飛び込んでくるかわかりません。そして飛び込んできたからには新鮮なうちに料理したくなるものです。

その時に授業していいのです。

手に入れて、ババーッとやっちゃう（笑）。

授業が活性化する要素の中には「先生の思い入れ」も入っています。

とっておきのネタを手に入れたら冷蔵庫に入れていつのまにか腐らせないで、新鮮なうちに料理してしまいましょう。

29 集中して聞かせるために

集中して聞く場面はまず教師がつくり出します。

教師が子どもたちが楽しく聞ける場面をつくり出すのです。最初は「教師」からです。**まず教師の話を聞いている時に、集中して聞くとはこういうことだ、という体験をさせる**のです。

友だちの意見を集中して聞けるようになってほしい、という「本丸」はその後です。

教師の話を集中して聞かせるには「説教」ではいけません。

それには教師の「エピソード」が最適です。子どもが笑顔になるような教師の体験談を話して聞かせるのです。

話のネタは教師の小さい頃の話や、子どもたちの様子からストックします。子どもたちは自分たちの名前が出てくる話が大好きです。そういう話の時にとても集中します。

教師のエピソードを集中して聞かせることができたら、「集中して話を聞いているなあ」

と褒めます。「仲間の意見もこのように集中して聞けると良いね」と続けます。

また、集中して聞く力を付けるには**常に〝良い負荷〟を与えていく**ことも大切です。

「今○○さんは何て言いましたか？」

「○○さんの言ったことを言える人？」

「森田君、○○さんが言ったことを教えてくれる？」

などなど事あるごとに子どもたちに問います。

「聞く」という行為は目に見えません。だからこそ、教師の「意識」が大きくモノを言います。

集中して「聞く」クラスは、教師が意識して声をかけ続けるところから生まれるのです。

授業において「聞ける」ことは大きなアドバンテージです。

まず集中して聞く空気、そしてその後は「カテゴライズしながら聞く」などの「聞き分ける」段階へと移ります。

30 「言葉」を拾い、広げる

児童「先生、臨場感ってどう書くんですか？」
森川「あ、辞書には載ってなかったんやな？」
児童「はい。」
森川「いい言葉遣ってるなあ。」

最近実際に担任している六年生のクラスの子と交わした会話です。何気ない会話ですが、教師がきちんと「言葉」に反応していることが大切です。

この会話は日頃、「わからない漢字は先生に聞きに来るのではなく、まず自分で辞書を引いて調べます」ということを子どもたちに話しているので、聞きに来た時点でおそらく辞書には載っていなかったのだろうな、と思ったわけです。そして、「臨場感」という言葉を感想文に遣おうとしていることに感心し、一言添えているのです。

教師は児童生徒が**思わぬ言葉を遣っていたり、難しい言葉を遣っていたり、調べていたりする時に一言褒めたり驚いたりできるか**が大切です。

授業や作文で教師の予想を超える言葉を遣っている子というのは多くは読書家の子です。そういった**「言葉を持っている子」の存在を大いに活用する**ことです。その子の言葉をクラスに広げる。それができるのは担任の（担当の）教師だけです。そしてクラスで全員で学んでいるからこそ、です。

教師自身が誰よりもまず「言葉」に敏感であり、言葉が生まれた時にすぐに拾い上げて公の場に引っ張り出し、浸透させていく習慣が、教室の「言葉の環境」をつくるのです。

31 雰囲気をつくる板書

板書は丁寧に整った字で書く方が良いことはよく言われます。事実そうですね。

板書は基本はゆっくりと、丁寧に、整然と書くものです。

ここでは少し毛色の違った話をします。

「板書で授業の雰囲気をつくることができる」という話です。

「絶対的に大事な言葉」「とにかく協調したい言葉」「子どもの中からとびきり素敵な発想」……これらが出てきた時の板書です。

そんな時は「巨大文字」で書きます。

そんな時は「ハイスピード」で書きます。

そんな時は「3回」書きます。

予測を上回るような「意見」には、予測を上回るような「板書」で応えるのです。

これが良い意味で「ただ事ではない」授業の雰囲気をつくり出すのです。

「今の、かなり大事なことだったんだ」という子どもの意識をつくり出すのです。

「板書行為」も授業を演出する上での大事な要素なのです。

教師の行為として**「あたりまえ」と思われていることほど、工夫する余地が残されているもの**です。

32 〝決め打ち〟して褒める

「褒めようと思っていてもなかなか褒められなくてつい叱ってしまいます」という先生方の悩みをよく聞きます。

「褒める」ためには時には「決め打ち」してでも褒めるのです。

正直、どこを褒めるの？というくらいの問題を抱えた子はいます。しかしそういう子は叱られすぎて叱られ慣れしてしまっています。哀れな家庭で育ち、ねじ曲がってしまった子もいます。

教師が褒めなくてはその子は家で一生褒められることなく育つかもしれません。

さて、「決め打ち」です。今日はその子を必ず褒めよう！と朝から決め打ちするのです。そして意地でも褒める（笑）。それくらいの気持ちで臨まないと〝あの子〟は褒められません。

決め打ちすると、褒めるポイントはミクロになっていきます。「サッと立ったら褒めよう」「手を挙げたら褒めよう」「もうこうなったら（！）筆箱出したら褒めよう」という具合にです。

その子は褒められることで他のことも良くなっていくかもしれません。

好循環になるために些細なことでもミクロな視点で褒めるのです。

授業中に何か一つしっかりと褒めてあげましょう。

「褒めること」が習慣になるまで、時には「決め打ち」でも褒めるのです。褒められてうれしくない子はいないのですから。

33 「挙手までのサイン」を見取る

授業中子どもに、「今、ピクッとしたよね」と言えなければなりません。

「今、顔がハッとなったよね」

「今、小さく〝あっ〟って言わなかった？」

子どもたちの「反射」に「反射」できるようになりたいものです。

子どもたちが「あ、わかる」とか「言おうかな」と思う時は何かしらのサインが出ています。すぐにビシッと手を挙げられる子はいいのですが、「どうしようかな」と躊躇している子たちもたくさんいます。

そういう子たちの「挙手までのサイン」は実は様々に子どもたちから出ているのです。

それにはいつもアンテナを立てていることです。

・子どもの体や指先がピクッと動くかもしれない。

・さっきの様子ではこの子はわかっているな、わかっていないなと察知していること。

・あれ？　ちょっと難しかったかな？と子どもたちに投げかけた発問について振り返っている。
・クラスの中の「意見は持つが発表までいかない子」の傾向を常日頃から考えている。
・「わかった」「あ～」といったつぶやきを褒める。
こうして書き出すと難しいことのように感じますが、それが自然とできるようになるために右のような観点から毎日子どもたちを〝見る〟のです。

34 「〇〇反射力」を鍛える

教科書を読んでいる時に反射的に余白にメモをしたり、言葉に丸を付けたりできる身体《からだ》を育みましょう。

先生や友だちの話を聞いている時に反射的にノートに言葉や友だちの名前をメモできる身体を育みましょう。

反射的に「メモ」したり、「丸」を付けたりできることを「書くこと反射力」と呼んでいます。

「鏡に太陽の光が当たって光がすぐに跳ね返ることを反射と言います。君たちは色々な反射力を身に付けていくんだ」と説明します。子どもたちにはいちいち教師が「書きなさい」「メモしなさい」と言わなくても自分でメモをするようになってもらいたいものです。

そのためにはメモの重要性を説いたらその後メモしている子を是が非でも見て取って褒めます。その繰り返しです。そしてその都度「書くこと反射力」の声かけをします。

同じように、反射的に話している先生や友だちの方を向けることを「聞くこと反射」できる集団だ！と言って褒めます。

学習の場面では〝反射的に〟動ける子を一年かけて育てていくのです。コツコツと声かけをしながらそういう学習の空気を浸透させていくのです。

35 「少数派の意見」を保護する

授業における少数派の意見は貴重です。

国語科など特に、２対28で２の方の意見が採用されることもしばしばです。

そこが授業の醍醐味であるとも言えます。その醍醐味をなくしてしまわないためにも、「少数派」は確実に〝保護〟する必要があるのです。

逆に言えば、「あえて少数派が正解だった！」という場面をつくり出すことも有効です。それで授業が一気にドラマチックになります。

そうして、「自分の意見を持つことの大切さ」「自分の意見を人に伝えていくことの難しさ、有用性」を学んでいくのです。

あと、大切なこと。**「人生の大切なことは大抵多数決では決まらない」**ということを感じてほしい。

さて、「少数派」の保護の仕方です。

話し合いや討論をする前に意見分布を調べることがあります。例えば「賛成だと思う人？」「反対だと思う人？」という場合です。ではそれぞれ発表してみましょう、となった時は「少ない」方から話させます。多い方を先に話させると少ない方の意見が一気にしぼんでしまい、多くの意見側に流れてしまうことがあるからです。

それから、**自分の考えは必ずノートに書かせます。そしてそれを消させない。**意見が変わる時は最初に書いた意見の上に×を書かせて新たな意見を隣に書かせます。

もし少数派で意見が言いにくくても、ノートに意見が残っていれば教師が代わりに言ってあげることもできますし、ノートを集めた時にその子の意見を見ることができます。

あと、少数派の意見が実は正解だったという時はチャンスです。その時こそ、「考えは多数決で決まるものではない。今回まさに二人しかいなかった意見が結論になった。自分の意見が正しいと思ったらそれを主張していくことが大事なんだ」ということを語ります。もちろん、人の意見を聞いてそうかと思った時は意見を変えていくこともあることを伝えつつですが。

少数派が堂々と闊歩できる教室をつくりたいものです。

36 発表を促すための「自己評価」

発言を促したときに挙手の数が少ないなあ、と感じます。その時に「もっと手を挙げて頑張って発表しなさい」と言うのは簡単ですが、ほとんど効果はありません。どうすれば良いでしょうか。私は以下のようなチェックを行うことがあります。

授業が終了した時や、一日が終了する時に子どもたちにききます。

「今日自分から手を挙げて発表した人？」

「発表する気はあって手は挙げたけれどもあたらなかった人？」

「やる気はあったけれども手を挙げられなかった人？」その後に「明日は手を挙げる所までいけたらいいなあ」と声かけします。

「最初からやる気がなくて手を挙げなかった人？」

それぞれ人数を数えます。「明日またききますね」と言ってその日を終えます。これだけでも子どもたちの発表する意識は少しずつ変わってきます。

もっと徹底的にやることもできます。

授業の終わりにノートに自己評価させるのです。

「今日自分から発表できた人？」子どもが挙手したら、「Aと書きなさい」と声かけをしてノートの上の余白の部分に「A」を書かせます。「発表できなかった人？」「Bと書きなさい」と続けます。

次に「今日授業中に友だちの意見をきちんと聞けた人？」。

このようにその都度「A」やできていなかった場合の「B」、もともとする気がなかった「C」（これに手を挙げる子はほぼいませんが、あえて設定しています）など自己評価させていきます。

最終的に自分のノートについたAの数を報告させて教師は名簿にそれを記録します。「秋山君」「6個です」「伊藤君」「5個です」……という具合です。

毎日のように短い時間で「自己評価」をさせ、「発表」への意識付けをしていくのです。

37 「自己評価」をさせるなら吟味する

ある研究授業を参観した時でした。

その授業ではまず最初に、今日の授業のテーマへの自分の理解度を前に貼りに来させました。「説明できるレベル」「わかる」「まあまあ」「もう少し」といった評価項目が黒板に縦に並びます。そこに自分のネーム磁石を貼りに行きます。その時は「わかる」や「まあまあ」に名前が並びました。

その後授業が終わり、またそこへ別の色の磁石を貼りに行きます。二回目の自己評価です。結果「説明できるレベル」「わかる」に名前の移動がありました。

この現象は一見子どもが一時間の授業の中で変容したことを表しているようですが、これをそのまま受け取るのは危険な感じがします。

このケースは極端な話、中身の授業がなくても上がるのではないでしょうか？　なぜなら、黒板の横に先生が立ってじっと子どもたちが貼りに来る様子を見ているのです。さらにクラスの友だちも見ています。その中で「マイナス評価」は付けにくいのです。子どもの気持ちになって考えればわかることです。

この場合、「評価」は手元で行わせるべきです。自分だけで。そして「自分に正直に付けたらいいよ」と声かけします。

今回私が見た研究授業での「評価」は、実は子どものためではないのです。自分のためです。自分の授業で子どもが変わったのだよ、という参観者へのパフォーマンスだと私は受け取っています。

「評価」は子どもが自分の今の気持ちを素直に出せる環境の元行われるべきものなのです。先生の厳しい目が光る監視下で、さらにみんなが高い評価をしている時に自分だけが「もう少し」には付けられないのです。

実際に授業が良かったから向上したのでは？と思われた方もいると思います。しかし残念ながらそれはないでしょう。その授業は子どもに考えさせる場面がほぼ皆無に等しい授業でした。そして先生が自分の考えを半数の子に伝達し、それを聞いた子たちがまた別の子に伝達する、という形態で行われていたのです。

子どもたちが振り回される姿だけが印象に残りました。その最終場面での先の評価タイムです。とてもその結果に納得がいくものではありませんでした。

子どもたちは健気です。「この状態じゃ評価は付けにくいよ！」とは主張しないのです。「自己評価」をさせるならそのさせ方を吟味しなければなりません。意味のない「自己評価」ならその時間を「音読」や「授業感想」に費やした方がよほど有効なのです。

38

「書くこと」で全員授業参加

全員の授業参加は「書くこと」で実現させます。

自分の考えをまず「書かせる」のです。

教師が発問していきなりあてる時もありますが、しっかりと全員に意見を持たせ、考えさせたい時はいきなりあてるのは禁物です。

発問後、すぐに反応できる子も教室にはいます。しかしその「リターンが早いメンバー」を軸に授業をまわしては、一部の子だけの授業になってしまいます。

そこで、まずは書かせます。

意見は長いものでなくとも構いません。

賛成か反対か。

○か×かだけでも書かせるのです。

そうすることで、まずは授業参加を保証できます。

結論を書かせたら、その結果を挙手させます。

全体の意見の動向もわかりますし、今度は「書く」とは別の「挙手」という参加の形を取ることができます。

理由や挙手ですぐに人数を把握できないような内容なら、自分の書いた意見をそのまま読ませます。ノートに書かれたものをそのまま読むのでハードルが下がります。

毎授業書く場面を持たせる。そしてそれを読ませる。基本はこの流れです。自分の意見はまず書くもの、という授業形態を子どもたちに浸透させ、確立するのです。

「書いてあたりまえ」の状態がベストです。

Chapter4
教師力をアップする！習慣17

39 "楽しそうに"授業する

楽しそうに授業することはとても大切です。

「楽しい授業」ではありません。「楽しそうに授業する」です。楽しい授業を目指しますが、その一つ前の段階の話です。

教師が楽しそうに授業していると、子どもたちも楽しくなります。もちろんそれだけで授業が楽しくなるわけではありませんが、教師の雰囲気は伝染します。

教師に笑顔がない授業は、子どもにも笑顔はありません。

教師に熱がない授業で、子どもが熱を帯びることはありません。

+にしろ、−にしろ教師の雰囲気は伝染するのです。

楽しんでいる大人を見て子どもは同じことに興味を持ちます。

教師は率先して楽しまないと。

楽しんでいる姿を見せるのです。

40 「気づける」先生になる

様々なことを「知っている」先生よりも、様々なことに「気づく」先生の方が授業が上手になります。

「知識」は今の時代、いくらでも検索で瞬時に手に入ります。しかし「気づく」ことは意識していなければ一生できません。教師として「気づく」ためには意識して子どもの立場になり、勉強し、経験しの繰り返しが必要です。もちろん、たくさんのことを知っている先生はとても魅力的ですし、そういう先生の話は面白い。

ですから、「知っている」＜「気づく」でしょうか。**たくさんのことを〝知ろう〟とする一方で、たくさんのことに〝気づける〟先生になる。**

今〇〇さんが言おうとしたな。

ん？　今の言葉は聞き捨てならないぞ。

彼はさっきから鉛筆が進んでいないな。

言おうとしたことを言い換えたけれど何を言おうとしたのかな。
授業中に無意識に子どもの様子が飛び込んでくるような自分になりたいものです。子どもの様子に気づける習慣。子どもからのサインに気づけるように、意識して、意識して、意識しましょう。無意識になるまで。無意識に子どもの変化に気づけるようになったかどうかは、次の方法で判断できます。

授業記録を書くのです。

その時に、「○○さんは今日はどうして発表しなかったのかな。○○さんにあそこで振って良かったなあ、説得力のある意見を言ってくれたからなあ。○○さんは言いたかったに違いない。しまったなあ。」と具体的な子どもの名前と行為がすいすい出てくるようになればかなり「気づいて」います。しかし、最初はそうはいきません。目立ったことは覚えているのですが、全員の様子は思い浮かびません。そして「え～っと、何だったたっけ？」の繰り返しです。

この行為を繰り返します。**毎日のように記録を書くことで、自分の中に「気づける目」が養われていきます。地道な努力を繰り返せた人だけが、子どもたちの小さな動きが見える「特別なアンテナ」を手に入れることができる**のです。

41 「あの子は」意識を持つ

授業をつくる際の基準は「子どもは」ではなく「あの子は」です。

授業は「クラスの中のあの子」を見つめたものでなければなりません。

授業を「導入」から「展開」、「まとめ」とつくっていく行為は、「あの子を追っていく行為」です。

ですからそもそもこのような教育書を読む際や、セミナーや研修会を受ける際は頭の中に「あの子」をセットしながらになります。

ここはついていけないだろうなあ。

ここをこう変えればあの子もできるぞ。

食いついてくる様子が目に浮かぶようだ。

と想像（妄想？）しながら本を読み、研修を受ける習慣を身に付けましょう。

「手だて」を「目的」にしないためにいつも意識しておきたいことです。

42 授業のネタを常に考えている

「研究授業をやることになりました」「公開授業をします」「市内の先生方が見に来るのです」と焦っている先生がいます。

そこでわくわくできるか、心配だけで当日を迎えるか、です。

授業のネタは研究授業をさせてもらえる段になってから考えることももちろんありますが、必要以上に心配しなくても良いためには、日頃から考えておけば良いのです。

「ごんぎつね」ではこうしてみたい。

「物語文の読みとり」でこの方法を試してみたい。そういうことをきちんと整理されていなくても良いので、日頃からニヤニヤしながら漠然と考えるのです。

特に自分の好きな教科ではそれができます。

単元や教材が違っても考えていた授業の進行方法やネタは他にも応用できます。

また研究授業の際の事後研究会においても、日頃から授業のネタを考えている人はサッと代案が出せますし、自分の考えを述べることができます。そういう人はアドリブに強いのではなく、**「アドリブで話しているかのように見えるくらい日頃から考えている」**ということなのです。

いつもいつも授業や子どものことを考えている人は教育現場で起こる様々なことに対応しやすくなるのです。

ついでに書きますが、仕事を趣味のようにこなしている人は間違いなく**日常から「仕事の中の自分の好きな部分」に没頭しています。**

43 授業ネタを瞬間冷凍

授業のネタはどこで降りてくるかわかりません。だから降りてきた時はすぐに**瞬間冷凍＝メモ**です。

忘れてもいいようにメモするのです。

安心して忘れられるためにメモするのです。私は次の媒体にメモしています。

①携帯電話
②森川メモ
③授業ノート

①の「携帯電話」は散歩していたり、買い物をしていたり、とにかくいきなり思いついた時用です。

携帯電話には「11月ネタ」という名前の未送信メールがあり、その本文欄にメモすることをどんどん打っていくのです。そしてその月が終わる時に自分のパソコンにメールを送信。パソコンには「ネタボックス」というフォルダがあり、そこに月ごとのアイデア、ネタがどんどんたまっていきます。時々それを眺めながら授業アイデアや執筆アイデアを練ります。

②の「森川メモ」はスーツの胸ポケットや、いつも持ち歩いている通勤カバンに入れてあります。旅行に行く時は旅行カバンに入れ替えて持って行きます。

無地のメモなので絵であらわしたり、旅先のスタンプなどを押したりするのにも最適です。とにかくアナログのメモはこの「森川メモ」に時系列で全て書いていきます。メモの中には、自分にしかわからない世界が展開されているわけです。

③の「授業ノート」。これは授業のアイデアや授業展開などを考えてメモするノートです。いわば「授業」に関しての専門ノート。ですからここにネタを書くという時はガッツリと授業のことを考えて書き込むシーンになります。

私はセミナーや自身の著作で「メモの大切さ」を幾度となく述べています。

メモは各々が自身の気づきを「行為」に落とし込む作業です。私にとっては欠かせない

〝日常行為〟であり、〝生活スタイル〟の一部です。

「授業ネタ」は私たちの職業の命です。釣り上げた魚です。せっかく釣り上げてももたもたしていると針がはずれて魚を逃してしまいます。

確実に釣り上げて瞬間冷凍するために「メモ」するのです。

44 「好奇心」を大切にする

京都水族館に行きました。

出迎えてくれるオオサンショウウオの数があまりにも多くて疑問が浮かびます。

オオサンショウウオって珍しいイメージがあるけれど……結構数が少なくて問題になっているような……でもなぜここは多いの？

疑問に思ったらすぐに従業員（ここでは飼育係）の人に聞きます。

そこから話は中国のオオサンショウウオの養殖に及びます。中国では養殖し、食用（！）として食べているとか……!?

学びは際限なく広がります。

ここで、水族館の舞台裏やサンショウウオについて知ってどうするの？と言ってしまってはいけないのです。

正味の話、授業で使えるか否かは二の次です。

知的な先生は「好奇心」の含有量が高いのです。

子どもは「好奇心」でできています。

好奇心の赴くままに集めた「ネタ」を、何らかの形で子どもたちに出していくのです。サンショウウオなら理科の授業で扱うか……、様々な職種があり、そこでのプロフェッショナルがいる、という方向でキャリア教育で扱うか……。

〝後付け〟ででも面白いと思ったことを調べ、子どもたちに出していくことをオススメします。そうすれば、行く先々が教材の山になるのです。

「好奇心」を大切にして、教師の仕事をもっと好きになりましょう。

45 授業を語り合う場を持つ

授業力を向上させる手だてとして、「授業を語り合う場を持つ」ということは非常に有効です。

校内で授業を語り合える仲間がつくれたら最高です。授業を語ってくれる先輩や授業論を交わせる同僚がいれば理想的ですね。

相手が一人でもいいのです。二人で放課後授業について語り合えばそれは必ずあなたの糧となります。

また、私は新任の時に「あまから」という勉強会を当時の同僚と立ち上げました。尼崎で勤めていたので「尼から」という意味と、「甘いも辛いもある会にしよう」という意味から付けた名前です。

最初は校内で二人で残って各自資料を持ち寄り、話しました。資料は学級通信や授業で配ったプリント、研修会でもらった資料と様々。そして日々の授業で困っていることについてお互いの意見を聞き合います。

次第に輪を広げようということになり、市内のセンターを借りて月に一回開催するようになりました。

それから現在まで。会場を変えながら「教師塾あまから」として継続しています（※）。現在は毎月私がテーマを決め、各自テーマに沿った資料を持参してもらっています。様々な地域からたくさんの先生方の参加があります。参加される先生方は授業に、子どもに対して真摯な方ばかりです。六時から九時まで開催されるこの会は毎回時間があっという間に経ちます。とても有意義な時間です。

校内で学年を組んだ先生と授業のＶＴＲ検討会もしていました。日々の授業をビデオに撮り、その映像を再生して途中止めながら、ああだこうだと言い合います。これは日頃気づかない自分の癖にも気づけますし、非常に勉強になります。

研究授業を見てそのことを語るだけでは圧倒的に授業に対して語るという場面は少なすぎます。

やはり日頃の授業を語り合う場が必要です。場は二人でも成立します。

日々の授業を語る場を持ちましょう。そうすれば授業に対しての意識も高まりますし、良い授業のイメージも具体的に、豊かになっていきます。

※「教師塾あまから」。どなたでも参加して頂けます。月一回、主に最終週の金曜日開催。詳細は『森川正樹の〝教師の笑顔向上〟ブログ』（http://ameblo.jp/kyousiegao/）をご覧ください。

46
「雑音」に近づかない

私たちの周りは「雑音」で溢れています。「雑音」とは間違ったアドバイスをする人の話や、間違った説教をする人の話、悪口・噂話を運んでくる人の言葉です。「雑音」が聞こえてきそうな場所にはできるだけ近づかないようにします。右記の「雑音」が三ついっぺんにやってくる場所、それは「行きたくない飲み会」です。

これほど無駄な時間はありません。

何の生産性もなく、時間だけがあっという間に二時間、三時間と過ぎていくのです。避けられるものなら避けます。

私も駆け出しの頃は随分と〝餌食〟になりました。まあそれも経験してわかってくることなのですが、貴重な人生の時間ですから。

気の進まない飲み会に行く代わりに……少し早く帰って、お気に入りの静かな音楽を聴きながら次に取り組む教材を読むのです。

お気に入りのカフェに寄ってコーヒーを飲みながら教育書に線を引くのです。
いつも行く本屋に立ち寄っていつもは行かない棚に行くのです。
同じ二時間でも圧倒的に生産性があります。

あ、ちなみに「飲み会」がいけないと言っているのではありません。「気心の知れた仲間との飲み会」は別です。念のため。

47

そう簡単に〝へこまない〟

教育現場には、滅茶苦茶なことも起こります。

滅茶苦茶な要求をしてくる保護者。

滅茶苦茶な文句を言いまくる保護者。

滅茶苦茶な管理職。

滅茶苦茶な研修会。

滅茶苦茶な教育観。

「滅茶苦茶」……いわゆる「腑に落ちない理不尽なこと」です。

「滅茶苦茶」な度合いは人によって様々ですが、ここでは滅茶苦茶な内容を述べたいわけではありません。

メンタルの話です。

教師はメンタルが強くなければやっていけない仕事です。

子どもに対しての「繊細な観察眼」と、理不尽さに対しての「そう簡単にへこまないメンタル」を持ち合わせていなければなりません。

私も随分悩まされています（笑）。

否、悩まされていない人なんていないのではないでしょうか。

「滅茶苦茶」に出会った時にいかに自分の中で整理できるかです。誤解を恐れずに言うと、「いかにいなせるか」です。

「滅茶苦茶」は教師の本分である「授業」にまで影響を及ぼします。「滅茶苦茶」は大抵朝か夕方にやってきます（笑）。

朝一番の保護者からの電話でメンタルをズタズタにされるのです。しかもそういう時に限って「大忙しな一日」であるわけです。攻撃的な人には何を言ってもだめです。こちらの言い分は全て攻撃の対象となります。

けれども私たちは直後に子どもたちの前に立たなければならない。とても笑顔になれそうもない場面です。しかし引きつってでも笑顔になれるよう努力したいですね。

そのためにまずは知っておきましょう。**全国には「滅茶苦茶」と戦っている同士が数多くいる、**という事実を。

あなただけではないのです。「滅茶苦茶」は同時多発的に起こっています。

教師は「滅茶苦茶」と戦う仕事なわけです。

映画は「非日常」を描いています。「日常」を淡々と描いていても何も興奮しません。お客さんも入りません。日常が困難であればあるほど、話は盛り上がります。

「滅茶苦茶」が飛び込んできた日は、「非日常」を描くあなたの〝映画版〟です。人生を盛り上げる一日なのです。

『**オレ THE MOVIE**』です。

「ガンバレ自分！　へこまない！」とつぶやいて、教師の本分である「授業」にいどみましょう。

「滅茶苦茶」が迫ってきているのに、淡々と授業をするオレ！　格好良いじゃないですか。

何より教室の中の〝あの子〟は何の関係もなく、あなたの登場を待っているのですから。

48 比べない

なかなか教師としての自信が持てません、と相談を受けました。

それは人と比べるからです。「人と比べる」ことと、「参考にする、取り入れる」ことは別物です。

「比べる」行為は優劣を付けるものの見方につながりやすいのです。

隣のクラスを見て「こんなこともしているんだ」「あんなこともしているのか」と思う。

そして「その点うちのクラスは……」となってしまうのです。

反省することは大切ですが、比べて自分を卑下するだけなら意味はありません。

そのクラスならではの歩みがあるのです。

そのクラスの歩調があるのです。

「自信」は人と比べて優位に立った時に生まれるものではありません。

「自信」は自分ができなかったことができるようになった時に〝ついてくるもの〟です。

人と比べたくなりますが、比べるからブレるのです。
人と比べるとイライラが多くなります。
人と比べると嫉妬深くなります。
比べたり、嫉妬しているヒマがあったら、本を一冊読むのです。教材研究するのです。
ブレずに自分のできることを一つひとつ増やしていくことができればいいですね。
気がつくと振り返った時に「自信」があなたの後ろにちゃんと並んでいるのです。

「特別な場所」を持つ

49

自分だけの「特別な場所」はありますか？

くつろげる。

リラックスできる。

解放される。

充電できる。

そのような場所が「休暇のための特別な場所」です。しかしここでの話題はもちろん「休暇」ではありません。「仕事」です。

静かで集中できる。

気持ちの良い環境で仕事がはかどる。

文献がそろっていてすぐに調べられる。

そのような場所が「仕事のための特別な場所」です。

私は大阪、神戸の地元に「自分だけの仕事がはかどる場所」を数カ所持っています。喫茶店に、ショッピングモール、本屋……。

さらに足を延ばして県外にもあります。最高に気に入った宿を執筆の宿と決めてリラックスしつつ、仕事もするのです。

なかなか良い案が思い浮かばなかった研究授業も、場所を変えればアイデアが出るということがあります。

周りの環境が自分を高めてくれることがあります。研究授業のアイデアなどで煮詰まったら、思い切って本を持って旅に出てみましょう。がらっと環境を変えて、脳に刺激を与えるのです。

今後、旅に行った時にはそこが自分にとっての「特別な場所」となるかどうか〝頭ギラギラ、目をキラキラ〟させながら旅を満喫してくださいね。

得する授業の見方

50

授業力を付けるために様々な授業を見ることは大切です。

その際に大切なのは、「必ず〝自分の考え〟を持ちながら見る」ということです。

ただ見てメモするだけでは終わらない授業参観です。

それは「参観ノート」の取り方をちょっと工夫するだけで実現できます。

私は参観ノートを取る際には三つの欄（T、C、M）を設けます。ノートを縦に三つに分けます。左から「T…教師の発言」→「C…子どもの発言・行動」そして最後一番右の欄に「M…自分の考え」を設けるのです。そして授業を見ながら自分ならどうするかをその欄に書いていきます。

現在様々な学校で授業を見させて頂く機会に恵まれていますが、私は必ずこのスタイルで参観ノートを取っています。

常に「自分の考え」を書き込みながら授業を見る行為は、その授業を「自分ごと」にす

る行為です。自分だったらこう発問するなということを書いたり、疑問に思ったことなどを書いていきます。

書く時は猛烈なスピードで書いていきます。授業を時系列で書きながら自分の考えを書くのですからスピードが必要になります。

また、**授業のアイデアが一番浮かぶのは授業を見ている時**です。目の前で実際に子どもたちが授業を受けているからこそ、イメージしやすいのです。授業に対する脳が最も活性化している状態ですね。ですからその時間を大いに活用しましょう。

うまくいけば、**授業参観をしていて、「授業の技」が手に入り、さらに「授業のアイデア」まで思いついて教室を後にすることになる**のです。

これは美味しい（笑）。

ですから私は授業参観できるとなったら内心わくわくしています。

どんな授業が見られるのか。

どんなアイデアが浮かぶのか。

授業を見られる機会に恵まれたら必ず「＋αのお土産」を持って帰りましょう。

51 〝人の〟授業を撮る

本稿は、「人の授業」を撮るという話です。授業ＶＴＲにはハッキリとその撮影者の授業力が表れます。授業ＶＴＲを観ていてこんなことを感じたことはありませんか。

・ここで板書を映してくれたらいいのに。
・ここで映すのは子どもの手元でしょ。
・指示している先生の姿を映してよ。
・どの子がしゃべっているの？

カメラを固定して撮影する場合は別として、手持ちで撮影する際はその人の意識がそのまま反映されたものとなります。

随分前に体育の模擬授業のＶＴＲを観た時のことです。体育館での縄跳びの指導だったのですが、受講生のアップばかりで授業者の姿は映らず、声しか聞こえてきません。ここで授業に対して意識の高い先生なら教師の立ち位置を頭に入れて撮影するはずです。

また、体育なので時に「場づくり」も映像に残しておくべきでしょう。この時は「先生のアップ」か「受講生のアップ」がほとんどでした。

これは全体を考えて撮影していないことの表れです。これはそのまま授業に当てはまると私は思います。この撮影者の先生は実際の授業でも様々なことに「気づかない」と予想せざるを得ません。

さらに、ビデオを撮っている先生自身が講師の先生の話に聞き入ってしまい、肝心の「先生」も「活動シーン」も映っていない空白のシーンまであったのです。気持ちはわからなくはないですが、ビデオを商品として決して安くはない値段で販売している以上、ビデオ撮影者は撮影者なりの「プロ意識」が必要です。

自分が受講生になるのをグッとこらえて、いかにライブ感を出して、実際には参加できなかった人にも、映像を観て参加した気持ちになってもらうかに専念すべきです。

「撮られた映像」は「撮影者の意識」そのものなのです。

「授業ビデオ」を上手に撮影できる人は授業も上手いのです。

全ては「意識」という〝根っこ〟でつながっているのです。

同じ環境で試す

52

研究授業や何か特別な場所で授業する、特別な物を用意するなどの時には必ず本番と同じ環境で準備しなければなりません。

私にも経験があります。

飛び込み授業で体育館で授業をすることになりました。当日は教材提示装置を使う予定でしたから、準備しておいてもらうことを伝えました。「動作確認しておきます」という返事を担当の先生からいただきました。

当日、授業の三十分前になって試しに映してみると資料が光って真っ白で映らないのです。体育館の天井ライトが強烈に映り込むからでした。かといってライトを切れば会場が暗い。

結局授業本番は資料提示はしませんでした。

今回のケースで言えば「前日まで」に↓「実際に授業する体育館という場所」で↓「同

じ時間帯の光量」で↓「映し出す物をセット」して試してみる必要があったのです。私自身「当日と同じ条件で試しておいてくださいね」と言えば良かったと後悔しました。

こういった〝不確定要素〟は授業を濁らせます。

こういうことは日常的にも起こりうることです。

授業で子どものノートを黒板に映し出そうというのなら、実際に当日使う媒体で同じ場所で映してみることです。

体育で初めて使う教具に不安があるなら、実際に放課後の体育館に置いてみる。やってみる。

授業が濁る要素は至る所にあります。

それを取り除いておくことも大切な授業準備です。

〝危機回避能力〟も授業力のうちなのです。

53 退屈な研修の〝生かし〟方

退屈な研修にあたってしまったら「チャンス」です（笑）。なぜならこれから続く一時間ないし二時間ほどの時間が確保されたからです。

研修という公の場だからこその、自分を拘束して仕事に専念できる場所を得たのです。「残念」な研修に出会ってしまったらこのようにモードを切り替えて自分の作業に専念します。うってつけが原稿を書くことであったり、授業のアイデアを練ることであったり、その日の授業記録を書くことであったりします。特にオススメは授業記録を書くことです。まだ覚えているうちに場が確保されたのですから、その日の授業の記録を書いてしまう。

このようにすれば「研修」にはずれはなくなります。

さて、実は研修の中身を完全に捨ててしまったわけではありません。一応その日の研修用のノートもいつでも取れるようにスタンバイはしておきます。いつ何かしらのお土産話が飛び込んでくるかもしれませんから。

それともう一つ。それは研修の内容が「残念」という段階を通り越して、「憤り」の段階の場合です（笑）。その時は興奮している自分の気持ちを思い切りノートにぶつけます。「～は本当か？」「そんなことしたら子どもが潰れてしまう！」などとノートに自分の感じた思いをツイートしていきます。そして自分の考えをセットで書いていくのです。「憤り」の研修内容が逆に問題意識を高めてくれているのです。ついでに言うと「書くことでストレスを発散している」とも言えます（笑）。

その「研修」が残念かどうかは結局自分の気持ちが決めているのです。

気持ちの持ちようで全ての研修時間が有意義なものになるのです。

20代を無駄にしない

54

20代をどう過ごしたかは、30代になってはっきりと表れてきます。学生の延長、みたいな教師にならないために、20代のうちにたくさんの実践に出会っておくことです。

できるだけたくさんの授業を見ておくことです。

管外出張に行けるならば行って憧れの先生の授業を見ます。

私は幸運にも初任の頃から管外出張に出ることができました。そこで名の知れた実践校に行き、授業を参観し、機会があれば授業者の先生に質問をして〝元〟を取って帰ってきていました。

20代は教師としての審美眼を磨く時期です。子どもにとって「素敵な先生」と「残念な先生」の両方のイメージをインプットし、自分の中の具体的な理想の教師像を描きます。

私も実に様々な出会いがありました。この時期に「ザ・残念先生」から学んだことは貴重な財産です（それだけで一冊本が書けます。笑）。

教育雑誌もたくさん定期購読していました。もちろん教育書は貪るように読んでいました。大阪にある教育書を専門で置いている書店に何度通ったことか（今でも行きますが）。教育雑誌や教育書によって、何も蓄積のない自分の身体に新しい教育技術が入ってくることは快感でした。給料のかなりの部分を研究会参加や本を買うことに費やしていたと思います。

校内で行われる研究授業は積極的に授業者となり、授業を見てもらい、意見をいただきました。

校務分掌の生徒指導担当として市内の研究会に参加した時は、地区の研究をそれまで行われていたアンケートなどの実態調査ではなく「授業」でしませんか？と提案し、授業者をさせて頂きました。

とにかく20代は「飲み会」に行くくらいなら、「自分に投資」する時期です。投資してもしすぎることはない時期です。

20代は「孤独を伴った自己研鑽」をする時期なのです。コツコツ自分の教師としての力量を磨く。情報をインプットする。本物に触れる……。

20代の自分への投資が30代、40代になって自分に返ってきます。

最初の転勤をしての二校目にその人の教師としての姿勢が表れてきます。20代をどう過ごしてきたかが如実に出ます。

失敗を恐れずに無我夢中で走ることができる20代を無駄にしないことです。

教師は様々な経験をしておく方がいい、といってただ遊んでいる存在にならぬことです。

55 「授業磨き」は「自分磨き」

新卒で最初の勤務校に配属されてから、「授業磨き」は始まります。いや、学生の頃から志高く教師になってからのことを色々と想定して動き出している人もいます。さて、それと平行して私たちは「自分磨き」を行っていなければなりません。「授業磨き」と「自分磨き」は常に連動しているのです。

教師になり、子どもたちの前に立って話をすることが日常となりました。毎回子どもたちに様々な話をしたり、声かけをしたりする中で感じたのは自分自身が「言葉」を持っていなければならない、ということでした。そうでなければ子どもたちにかける「言葉」がなくなるのです。

様々な場所へ行き、様々な物を見、様々な人の話を聞かなければと思いました。そして実行してみればそれがまた楽しい。遠くの研究会へ出かけて行ってはメモをし、自分の考えを書き、質問しました。研究会では必ず書籍を購入しました。それは、会場で書籍を買うことでその時の学びの〝余韻〟を持ち帰ることができるように思ったからです。〝これは！〟と思った研修会やセミナー、講師の先生には、大いに〝感化〟されましょう。なりきるくらいで、その人の良い部分を自分の中に住まわせるのです。行く目的が旅行であっても、旅を終えた後のカバンには、たくさんの「授業ネタ」が詰まっているのでした。

書籍もたくさん購入し、教育雑誌も定期購読していました。授業のネタをゲットしては自分の教室で試していました。このような時期はとても大切です。まずは真似から始めてみるのです。そして自分のクラスに合ったものに改良したり、合わないと判断したり……。

記録もできるかぎり取っていました。うまくいった授業、うまくいかなかった授業、子どもの発言、子どもとの面白エピソード……常に携帯していた「メモ帳」に書いていました。授業が終わってすぐに空き時間ならその時間内に授業ノートに大体の授業の流れと発問やそれに対する子どもの反応などを記録していました。誰に頼まれたわけでもないですが、結局その「習慣」が、その後教育雑誌の原稿を書く時に役立ったり、実践発表させて頂ける時に大いに役立ちました。何より、子どもにかける「言葉」が増えました。子どもを見つめる「目」が具体的になりました。

今、コツコツとしている**「授業磨き」「自分磨き」は必ず将来一つの点で繋がってきま**

す。しかし、**繋がってきた、と実感するまでやる人が少ない**のです。教師として充実感を抱きながら毎日の仕事をこなすには、必ず「自分なりの自分磨き」が必要なのです。「自分なりの子どもとの出会い方」と言い換えることができるかも知れません。

クラスがうまくいっている先生のクラスは何となくうまくいっているのではありません。必ずそれまでの「磨きの歴史」が存在するのです。

最後に、どのような意識を持つのか。それは、

「教師人生丸ごと楽しむ」

これです。

Chapter5

プラスアルファを目指す！

習慣22

56 授業進行と同時に学級経営

「飛び込み授業」をさせて頂くことがあります。初めて出会った子どもたちとの一度きりの、四十五分間だけの授業。その時に実感するのは「ああ、自分は全力で学級経営しながら授業しているなぁ」ということです。

授業内容を進めつつも、発言の際の言い方が良ければ褒め、声が小さければ言い直しをさせ、書き出すスピードが速い子がいればその良さを全体に紹介する。**その場で学習技能を浸透、固定させているの**です。

これはまさに学級づくりです。学習体制づくりと言ってもいいでしょう。

まず学級づくりの初期の段階（一学期や各学期の初めになりますね）では、

「指導」→「確認」→「評価」

の繰り返しになります。

授業中にできている「学習技能」をどんどん褒めていきます。〝指導した後〟が大切です。できていることを見て取ってその場で認めていく。

学習内容が「大きなかぶ」であっても反射的に学習技能について褒めている、という具合です。サッ、サッと合間合間に評価を入れていく。

学習体制が整ってくると、だんだんと学習技能に対するコメントはなくなってきます。

それは「あたりまえ」になってきている、ということです。

そうなれば授業内容だけで教師の発言を構成することができるのです。

57 「褒める」ポイントを広げる

子どもが「手を挙げて意見を言い」→「教師がその意見を褒める（認める）」というケースがあります。この何気ない流れの中にも実はもっと細かく子どもを褒めることができる場面が潜んでいます。

褒めるポイントは「結論」「結果」だけではない、という話です。

教師の投げかけ

↓

・手を挙げようとしたことに対して褒める
・指先までピンと伸びた挙手を褒める
・声が通っていることを褒める
・話し方が良いと褒める

←意見の内容を褒める

このように意見の〝内容〟に至るまでに四つも褒めることができるポイントが潜んでいます。

褒めるという行為はその先生の「意識」の表れです。

褒めることがない、という先生はもっと意識を広げて「些細なポイント」を探すことです。

子どもは先生に褒められたいものです。力強く認められたいものです。それは大人だって同じですね。

褒められることで自信が付き、次へのモチベーションになるのです。

時には無理矢理にでも「褒める箇所」を見つけ出して、ひねり出して褒めるくらいの気概も必要なのです。

58 つぶやきが拾える先生

教師になったばかりの頃、研修などで、「授業の中での子どものつぶやきを拾いなさい」と教えてもらいました。子どものつぶやきを拾うことは授業をつくっていく上でとても大切なことです。

しかし頭ではわかっていてもなかなか思うようにはなりません。

つぶやきを拾うためにはどうすればよいのでしょうか。

そのためには、「こんなつぶやきが出たらいいなあ」……もっと言うと、「こんなつぶやきを出させたい」とまず教師が想像していることが必要です。

これは教材研究にかかっています。

教材研究をするから子どものつぶやきを拾えるのです。

モグラ叩きはどこからモグラが出てくるかわかりませんが、どこに穴が空いているかはわかっています。穴の位置がわかっているからある程度対応できるのです。

教材研究はモグラ叩きの穴をつくっておくことです。

それらのどこかの穴から「子どものつぶやきや意見」が飛び出してくるからある程度拾えるのです。

ここで子どもはつまずくのではないか。

ここの読みは難しいのではないか。

ここで計算ミスをするのではないか。

この実験なら決まりを発見できるのではないか。

と**様々に子どもの反応を予想し、授業展開を考えていることが、「つぶやきを拾うためのアイドリング状態」となります。**

この**「アイドリング状態」で授業をすることが、「つぶやき」に自然と反応している自分を生み出す**のです。

子どもの作文を何千、何万と見ているから「どのような所で子どもが苦労するか」「より多い表現は何なのか」がわかり、作文の時間につぶやかれる子どもの悩みに対応できるのです。

子どものノートを何千、何万と見ているから「どのような所で子どもが手を抜くか」

「子どもにとって今は書きにくい状態かも」と予想が立つのです。そして困ってつぶやいた声が拾える。

国語の物語文なら自分がまず何度も読んで主題や表現について考えてノートに書き出す。社会科ならまず自分がスーパーに実際に出かけてみて子ども目線で陳列棚を眺めてみる。子どもの「つぶやき」を拾うためにしなければならない第一番目のことは、子どもに目を向けることではなく、**つぶやきが出ても反応できる〝自分自身〟をつくっておく**ことです。そして子どもに目を向ける……というか、自然と子どものつぶやきが入ってくる、という状態に持っていくのです。

そのためにはやはり、「教材研究」なのです。ひたすらその教材に自分が入り込むことなのです。

59 意図した机間巡視

「机間巡視」は散歩ではありません。**様々な意図を持って行われるもの**です。

作業に入らせるためにほどよい負荷をかける机間巡視。

できていない子を把握するための机間巡視。

特定の子を見に行く机間巡視。

全員できているかを確認するための机間巡視。

困っている子が先生にソッと声をかけやすいようにゆっくりと机間巡視。そして机間指導。

また机間巡視中には〝つぶやく〟ことも大切です。**机間巡視をしていて見て取った、子ども個人のプラスの要素をどんどん広げる**ためにです。

「お、もう書き出している子がいる」→早く書き出しなさい。

「お、書き出しが上手だなあ」→（作文で）書き出しを意識して書きなさい。

「この絵からもう七つも気づいたことを書き出しているんだね」↓気づけることはたくさんあるんだぞ。

「この絵巻の右端の方に注目したんだね」↓右端を見なさい。

「はみ出さずに塗っているなあ」↓はみ出したらアウトだよ。

「字が暗号の子はいないよね」↓字を丁寧に書きなさい。

「辞書引きながら書いているなんて知的だなあ」↓言われなくても辞書を引いて解決しなさい。

「お隣同士教え合っている。これが教室やな」↓協力して学んでいこう。

「机間巡視」は、**子どもたちの机の間を通りながら「個別指導」し、さらにアンテナを立てて「子どもたちの良い所を見つけ」、〝つぶやき〟によってそれを「広げていく」という一連の行為**なのです。

60 〝下ごしらえ〟して作品紹介

子どもたちに日記や作文を書かせたら次は読みますね。そして返却する時に「作品紹介」をします。

児童生徒のノートや作文を見る時は、その時点で〝下ごしらえ〟をしておきます。

そばに「マイノート（自分のノート）」を置いて子どものノートや作文を見るのです。

「ノートを見ている時」に既に準備を始めておくのです。

ノートを評価している時に感じたことをすぐに「マイノート」にメモ（走り書き）しておきます。

田中：自分の意見が書けている。

斉藤：オリジナルの分析。→コピー

山田：綺麗な言葉に逃げている。

時岡：「引用」して書いている。↓コピー
加藤：ユーモアがある。

といった具合です（実際にはもう少し言葉を少なくして自分だけがわかるような書き方でも良いのですが）。

この「マイノート」を持って教室に行きます。そして、児童生徒にノートや作文を返却してから、ズバズバと実名を挙げつつ、コピーしてあった実際の文章を読みながら「良い所」を紹介していくのです。

慣れないうちはコピーした子どもの文面に〝赤〟を入れておき、そこに「書き出し」とか、「ユーモア」とか押さえるべき観点を書いておきます。そうすれば紹介している時にすぐに何をコメントすべきかわかるので、「紹介のリズム」が壊れません。

これらが授業における「作品紹介」であり、「読み聞かせ」なのです。

授業における「作品紹介」「読み聞かせ」はただ単に文字言語を音声言語にする、ということではありません。**「付加価値」あってのもの**なのです。

「読み聞かせ」がクラスづくりになったり、児童生徒の技量の向上につながったりすることが大切なのです。

ノートに考えを書かせたり、作文を書かせたりするという行為は、その後の「評価」までセットで考えます。

そのノートを返す時は、次にまたノートを書く時に「レベルアップするような指導」とセットです。その指導では、具体的な「良い書きぶり」を紹介していくことが非常に有効です。

61 こだわる

授業で教師がこだわらない部分は全て暗黙のルールとなります。


手がピンと伸びていないからこだわってみる。

音読の声に張りがないからこだわってみる。

友だちの方を向いて聞いていないからこだわってみる。

小声のおしゃべりが気になるからこだわってみる。

この「こだわってみる」の部分を「スルー」に変えてみてください。「スルー」「スルー」「スルー」……。

怖いですね。

手がピンと伸びていなくてもＯＫ。

姿勢が悪くてもＯＫ。

音読の声がボソボソでもＯＫ。

という「暗黙のルール」ができ上がってしまいます。

逆もあります。

姿勢が素晴らしいからこだわって褒める。

声がよく通っているからそのことにちょっと触れて褒める。

発表できなかった子が一言言えた。そこで「言えたやん！」と声をかける。

これらも「こだわる」のです。

ちょっとこだわる習慣を付けましょう。それも一学期は特に。

一学期は授業をしながら、「先生の思っている良い授業のイメージ」を伝えていく時です。だから徹底的にこだわる。そして良い、悪いに触れて話をしていくのです。

そうすれば、二学期、三学期は「ルール」にこだわらず、「学習内容にこだわって授業を進めていけるようになります。

一学期に「こだわり」続けた結果、三学期に加速するのです。

一学期に「スルー」し続けた結果、三学期に減速するのです。

どちらの未来（三学期）を選択するかはあなた次第です。

62 言い換えない

授業中、子どもたちの発言に対して教師が微妙に言い換えている、ということはないでしょうか。先生の意図する答えが出ない場合、うまく〝すり替え〟が起こる場合があります（笑）。

例えば、AとBがあり、Aと言ってほしい。

子ども　B

教　師　悩んでいるんだね～。

これは「Bと答えたけれど悩んでいるんだね。だって答えはAだから」という暗黙の伝達になります。

子どもの言葉の微妙な言い換えもあります。

子ども　ごんは「ひきあわないな」と思っています。
教　師　ごんは「ひきあわないな」とその時思っていたんだね。

紙面で再現するのは難しいので適切な例ではないかもしれませんが、この場合「その時」とこの先生は入れています。

しかし子どもは「思っています」と発言しているのです。教師の「その時」を入れることで、その子の言いたいことが変わってきてしまうのです。教師による微妙な言い換えで、持っていきたい方向にジリジリと寄せているのです。これが繰り返されると子どもたちの意識の中には微妙な違和感が積み重なることになります。こういうことを結構子どもたちは敏感に感じ取るのです。子どもの発言を繰り返す時は基本〝そのまま〟です。

ただし、言い換える時もあります。それは、その子の意図はわかったけど「言い方」に誤りがある時です。文法、言い回しなどを改善する場面です。そう言う時は、「そう言いたいならこう言うんだよ」と直接正しい言い方を教えます。

子どもの微妙な発言を勝手に言い換えることと、言い方を教えるのは全くの別物です。前者は「都合のいい解釈」であり、後者は「指導」となるのです。

流さない

63

授業力を上げたいと必死でもがく毎日です。

授業はなかなかうまくいきません。

授業がうまくいかなかった時、へこみます（笑）。

そこからの出発です。

流さない。

なぜうまくいかなかったのか「発問」「活動」「展開」の観点から振り返ります。

授業は毎日あります。

頭の中に右の三つのカードがあって、「今日の発問はこうだったから……」とか、「あの時させたペア対話はいらなかったかな……」と回想します。

反省点が明確になればメモします。

私は余力が残っていれば（笑）、「授業記録」として、ポメラ（キングジム）でカタカタ放課後に記録を残しています。

さて、ここで大事なのは授業が「（ある程度）うまくいった時」にやっておく「習慣」です。

うまくいった時は安心して、そして喜びで（笑）案外流してしまうのです。

「あ、子どもたち結構話したぞ。こういう系の発問が響いたなあ……」とか「グループでの話し合いの人数を減らしたら盛り上がったなぁ……」と、うまくいった時に気づいたことを書き留めておくのです。

これは研究授業の時だけ行っても意味がありません。

「日常の気づき」こそ流さずに、「気づき」としてきちんと「記録」しておきます。この習慣こそが、そのまま授業力を向上させる習慣なのです。

64 しゃべりすぎない

教師は話せるに越したことはないですが、〝話せる人〟は「しゃべりすぎ」に陥ってしまう危険性があります。

待てなくなるのです。

ある国語の説明文を取り扱った授業を参観した時のことです。先生が勢いよくしゃべって子どもたちのやる気を喚起していくのですが、勢いよくしゃべりすぎて、「この段落は○○系と言えるよね」など、「子どもたちから出させたいこと」までポロッと言ってしまっているのです。

そここそ子どもたちに考えさせてひねり出させたい、という場面だったのです。

「あ、言っちゃった！」と参観していた私は思いました。少し話し足りないくらいが丁度良いのかも知れません。言葉が流暢に口から出てくる先生ほど危険です。

また、教師の「ポロッ」が児童生徒の思考を規定してしまうこともあります。

例えば国語の詩の学習などで、「悲しい感じがするよね」とか、「楽しい感じがするよね」などと教師が最初に安易に言ってしまっては（わざと言う場合は別ですが）子どもたちはそれ寄りの思考になってしまいます。思考の範囲を狭めてしまうのです。

私たち教師の一言は自分が思っている以上に子どもたちにとっては大きな影響のある一言なのです。

子どもたちに真っ白な状態で詩や物語に出会ってほしい場合は、できるだけ教師の言葉は排除します。しゃべりすぎないことです（自戒を込めて……笑）。

なぜ子どもたちの考えが広がらないんだろう、という時、実は投げかける時に教師が「いらぬ一言」を言って思考の幅を狭めているかもしれない、ということを常に意識していたいものです。

65 捨てる

秘境に七色の花を採りに行きます。

目的の場所までは野原を横切る道が続いています。茂みから綺麗なチョウが飛び出しました。そこで網を振ります。

すると今度は道ばたからバッタが跳び出しました。また網を振ります。

すると前から大きなトンボが飛んできました。必死で追います。

そうこうしているうちに、肝心な七色の花を探す時間がなくなってしまいました。

いきなり失礼しました。これは日々の授業のことです。

物語文の学習で当初は扱う予定のなかった「比喩」が出てきました。「擬人法」も登場します。そうした茂みから出てくる〝昆虫〟に網を振っていると本当にやりたかった「対比」という〝七色の花〟を摘む時間がなくなるのです。

授業では、あれもこれもと取り上げていくうちに肝心な中心課題に取り組ませる時間が少なくなったり、なくなってしまったりすることがあります。

授業は「焦点化」しなければなりません。

簡単に言うと「捨てる」ということです。

単元の計画を立てる時に、「本丸」を何に設定し、何を捨てるのか。

国語科ならば、「対比」を重点的に扱うならばそのことをメインにして授業を組みます。「対比」に関連して取り扱うべき事項を探します。その後他にも扱えるならば取り上げたい事項は予備としてサイドに取っておきます。

幸い国語科では「比喩」や「擬人法」などは物語作品を扱う上で何度でも出てくるのです。それを取り上げながらスパイラルに学習を積み上げさせていけば良いわけです。

「捨てる」勇気を持ちましょう。

66 「教師」発、「子ども」行き

とかく私たち教師は、「子ども発」の展開を考えがちではないでしょうか。

子どもの発想から……。

子どもの感想から……。

子どもの疑問から……。

子どもが見つけ出した課題から……。

よく言われますね。

そのこと自体はとても大切なことだと思います。

しかし**いつもいつも「子ども発」である必要はありません。**

そもそも最初に投げかけるのは教師ですし、教える学習内容が定められている以上、基本的に教科書を使用している以上、どうしても教師が路線を引いて授業をつくっていく方が多いのです。

「教師」発、「子ども」行きの授業列車があっても良いのです。

「この説明文はここで切れるのですが……」

「この詩はもう一連あるのですが……」

「ここはゆっくりと音読する方が良いのですが……」

このように問い、「ですが……」の後を考えさせていく展開です。

ズバッと方向を言ってしまってその後に学習課題を設定する。

何でもかんでも0から子どもにきいて答えさせてから進めていく必要はありません。それでは余計な時間もかかります。

これも授業の焦点化です。ねらいを絞って活動を仕組みます。

大胆に提示し、子どもの反応を見ながら繊細に進めていくのです。

いやあ、授業ってつくづく難しいですよね（笑）。

67

板書を〝客観視〟する

私の板書は「勢い型」だと思っています（笑）。「理路整然型」ではありません。

きちんと計画的に板書する「理路整然型」をまずはマスターして、その上に気持ちを乗せて書く「勢い型」がプラスされれば最強ではないでしょうか。

板書の力を上げたければ自分の書いた板書をまずは撮影するのです。

そしてそれを学級通信に載せます。

学級通信に載せようと思えば、あまりに雑な板書では格好が付きません。それなりに理路整然と書こうとする意識が働きます。自然と強制力が働くように持っていくのです。

次に教室の一番後ろに行き、板書を自分でも眺めてみることが大切です。自分が思っているよりも板書は見にくいかも知れません。もっと言うと、**四カ所子どもの席に座ってみて板書を確認**してみましょう。教師目線からだけではわからないことはたくさんあります。

一カ所目は教室の最前列右端。

二カ所目は教室の最前列左端。

三カ所目は教室の最後列右端。

四カ所目は教室の最後列左端。

四隅、四角形の角です。

最前列の端同士は「あれ？　意外に光って反対側が見えにくいぞ」ということがあります。最後列は普通に文字が小さくて見えないかもしれません。「もう少し大きく書かなければ」と気づきます。

自分の字の〝クセ〟に気づくこともあります。

子どもに板書させることもあります。その際は教師以上に後ろの子には見えない場合が多々起こります。そこで、「自分のグーの大きさくらいで書きなさい」とか「牛乳キャップよりも大きく書きなさい」といった言葉も生まれてきます。**「指示」を工夫する**のです。

時々板書を客観視し、板書に対する意識を少しずつバージョンアップさせていくのです。

68 「子どもの考え」を「発問」に生かす

授業中に子どもたちから出てくる意見（考え）をうまく授業に生かしたいものです。しかしそれはとても難しいことです。言うなればそれは授業行為の神髄というか、教師が良い授業をするために最後まで意識し続け、追い続けるものでしょう。

偶発的に出てくる「子どもの意見（考え）」を生かすことを意識する一方で、確実にそれらを授業に生かす方法があります。それは、「出会いの感想文」（別項「『感想文』でサンドイッチ」参照）を利用する、ということです。

それは子どもたちが書いた「出会いの感想文」を評価する（読む）時の工夫から始まります。

子どもの感想文を見る時、自分の「授業ノート」を横に広げながら見るのです。そして、特徴的な意見を自分のノートにメモしていきます。見終わった**子どものノートにコメントを書くだけではなく、**同時に自分のノートにも**「授業で取り上げたい子どもの考え」を記**

録しておくのです。

ノートに記録する時は国語であれば「主人公関連」「表記面」「主題」などと項目別に書いていくと後で検索しやすくなります。

このノートがあれば、授業中に「○○さんはこの部分に関して意見を書いていたよね。そこを発表しなさい」と特定の子に意見を求めることができます。その意見は既にこちら（教師）はわかっているので授業の流れに合わせて出させることができるのです。

次に、子どもたちの考え・感想を元に、「発問」をつくります。これがかなり有効で、自分一人で教材とにらめっこしながら頭を絞って発問を考えているよりも、子どもの発見や疑問、考えから発問を考えた方がまさに子どもの思考に即しているのでリアルな発問ができるのです。

発問をつくるときに、**「教材への子どものリアルな感想」を用いることは、授業を「そのクラスだけの授業」にする行為**です。まさに目の前の子どもたちのための「発問」になり、「授業」となるのです。

69 子どもを取る

私が行ったある飛び込み授業でのこと。

会場は四百名を超える先生方で埋め尽くされている体育館です。

相手は四年生の子たち。

最初子どもたちに自己紹介の短冊を書いてもらいました。授業の展開上使うためです。

授業はまず「自己紹介の文言」を詳しく書き直し、その後「自分の日記」を書き直す、という推敲の授業でした。

事前に勤務校で授業した時、最初に書いた「自己紹介」を全員に発表させて時間オーバーになりました。そこで、当日は自己紹介は二、三名取り上げて次に書き換える段階へ進もうと固く心に決めていました。

当日、実際に飛び込み授業の会場で、初めて出会う子どもたちを目の前にしました。その子たちが一生懸命「自己紹介短冊」を書いています。書けた人？と言うと手を挙げて発表したいという子が何人もいます。

迷いました。

時間にしたらわずか三秒ほどのことです。

いま全員をあてると確実に授業時間はオーバーする。

しかし、このような会場で、四百人の前で発表するなんていう機会はこの子たちにはもう二度とないかもしれない。ここで堂々とマイクを通して発表できたら絶対に自信になる！　そう思ったのです。

「子ども」を取るか、「授業」（プラン）を取るか。

次の瞬間、私は「子ども」を取っていました。


「授業」は子どものために行われています。

「授業」は自分のためにしているのではありません。しかし時として授業が「自分」のためになってしまってはいないでしょうか。

自分の見栄のため。

自分の満足のため。

自分の記録のため。

そういうことを考えてしまうことも正直あります。しかし当然ですが「授業」は「子ども」のためなのです。

授業が終わった後、この時の子どもたちの担任の先生からこんな言葉をもらいました。

「あの時先生は授業ではなく、子どもを取ってくださった。自分だったら授業を選んでいたと思います。一生涯の経験を子どもたちはさせてもらった。感謝しています」

この時の担任の先生は子どもたちの後ろで、回す用のマイクを持ちながら感激したと話してくれました。

この言葉で私は心の底から良かった、と思いました。

授業は難しいです。その場その場の決断ででき上がっていきます。その中で、一番の根っこにあるものは「子どものため」というあたりまえだけれども常に意識しておかなければならないことなのだと改めて実感した出来事でした。

安定した授業の共通点

70

私は教師の仕事を二年間離れ、大学院に通った時期があります。

その時にラッキーだったのは、指導教官の教授とご一緒させて頂き、様々な小学校の研究授業を参観する機会に恵まれたことです。

事後研究会では教授が指導助言をしますが、その時に「理論」を教授が、「実践」部分を私、として話をさせて頂く機会にも恵まれました。

この時の徹底して「授業を見る」という経験は、自分の授業づくり、授業を見る目を鍛えるのに大いに役立ちました。

授業後のコメントをさせて頂くので、授業を見ている間の頭はフル回転です。

そこで気づいたことがたくさんあります。

子どもたちがノってくる授業、安定した授業にはいくつかの共通点がありました。

ここでは教師の「動き」を取り上げます。

良い授業は「教師の動きに意図がある授業」です。無駄がないのです。一見、「ん？」と思うような動きがあっても、授業後にきいてみるとそれは担任の先生しかわからない〝配慮〟だったということもありました。

教師が動物園の檻の中のシロクマのようにウロウロしている時は何だか落ち着きません。同じ方向へばかり歩いていく先生の授業も不安定です。

それでは「意図した動き」とは？

子どもたちの活動の様子を具体的に捉えるために、まんべんなく教室内を回る。

気になる子の近くに行く。

教室の後ろからあえて子どもたちの様子を観察してみる。

教室の空気を変えるためにあえて〝子ども側〟に割って入る。

板書が膨大になる時に後ろの小黒板も使って授業する（こういう時子どもたちは特別感がするからか、目の色が変わります）。

ちなみに私が通っていた高校のある先生は、一時間教卓の所に座って微動だにせず、どんどん生徒をあてていき、答えられないと立たされました。その授業のためにクラス中殺気立って予習していました。今から思えばあれは授業でも何でもなかったのですね。健気な生徒たち（笑）。
教師が全く動かないのも違和感がありますし、動きすぎても不自然です。
そこに意図があるか。常に意識を持って授業をしていきたいですね。

71

意図した立ち位置

教師の立ち位置もなかなかに奥が深いものです。

黒板の前で話す行為一つとってもそこに「意図」がある先生と何も考えていない先生では子どもの意識に差が出てきてしまいます。

ど真ん中で話す場合をスタンダードとします。

教室の最前列には教師が常に気にかけたい子を座らせていることが多いはずです。教師から見て右側に今注意力散漫な子が座っているならば、自然とその子寄りの位置で全体指導をします。時にはその子の持ち物を貸してもらって全体説明に使うこともあります。その子の注意をこちらに向けるためです。

板書されたものを話題にしている時は黒板近くに寄り、より広く板書が見える位置取りをします。板書の中に気づかせたい記述がある場合はその記述に近い場所で話を子どもたちに振ったり、目線をその記述と子どもたちの間を往復させたりすることもあります。

子どもが前に出て発表する時は教師は教室の一番後ろに立つことも有効です。教師が前に立つと、子どもたちは発表の合間合間に教師の顔色を窺います。教師の反応を見ているのです。これでは仲間の発表に集中できません。だから教師は視界から消えるのです。

おもむろに黙って「ある子」の所に突進していくこともありです（「突進」のイメージは靴音カツカツカツ！といった感じでしょうか。笑）。

このケースはユーモアで注意する場合です。「ある子」とはボーッとしていたり、他のことをしていたりする子です。

このように教師はどっしりと前で話をすることもあれば、（子どもにとって）予測不可能な動きを（笑）取り入れて話すこともあります。それらを交ぜながら子どもたちの「安定」を促したり、時として子どもたちの「予定調和」を崩したりする。

そのための考えられた立ち位置なのです。

72 一単元分のノートを丸ごとコピー

授業の腕を上げるために、自分の授業の進み具合を客観的に見るために学期末にすることです。

子どものノートを一単元分丸ごとコピーするのです。

全員分は難しいので学力的な観点で数名、時間がなければ一人でも構いません。

例えば今学期、自分は子どもたちに色々と「書く」機会を設けてこれただろうか、と振り返ります。

そんな時、子どものノートを丸ごとコピーして一ページずつゆっくりとめくっていきます。

ノートを見ると、自分が思っている以上に子どもが書いている場面が少ないことに気づきます。もっと書かせよう、と気づきを得ることができます。

算数でも「取り上げた問題数って意外に少ないんだな」とか、社会では「この単元は知識伝達に随分と偏ってしまったな。もっと意見を書かせないと」と単元丸ごとのノートを見ることで気づくことは多いものです。

この作業を学期の終わりに入れて、次の学期を迎えます。

教師自身のちょっとした意識改革になるのです。

子どものノートを手元に置いてページをめくっていくのもいいのですが、それでは休み中に子どもがノートを使えませんし、教師自身が気づいたことを直接書き込むことができません。

その点コピーしておけば直接気づきを書き込むこともできます。

丸ごとコピー、試してみてください。

73 「魅力的すぎる教材」に注意

どの教科でも、「魅力的すぎる教材」を使う時は何とも悩ましいものです。

例えば五年生の社会科「漁業」の学習で、仕掛けの網や集魚灯の実物を持ち込んだ時。

例えば理科の授業で昆虫の体を描かせる時に、昆虫の実物標本を一人一匹配った時。

さあ、そんな時は子どもたちがノってくる！　たくさんの意見が出る！　話し合いが盛り上がる！

うれしい！（笑）

どの意見も取り上げたくなります。もうそのまま行こう！となります。私も何度もありました（今もです）。

しかし結局授業の目標とする所までたどり着けない……。そんな経験をされていませんか。

そのまま意見に任せて取り上げることもありますが、目標までたどり着けるように「割り切る」ことも大切です。

まず考えられる対処法としてはペアやグループで話をさせるというものがあります。子どもたちが意見をつくっても、いきなり挙手↓指名してしまっては一人か二人しか話すことができません。そこで何人もあててしまうのですが、それだと時間をとられてしまう。そこで、まずペアやグループで話させるのです。こうすれば個々にアウトプットできて全員が授業参加でき、気持ちも充足しますね。

そのようにしてから少数をあてて、次へいく。場合によっては個別には取り上げない。先に挙げた「社会科」の例では、はじめに「蛸壺」を出したとして「これは何でしょう?」とか、「気づいたことはありますか?」とやるとどんどん手が挙がります。そこを、「ではお隣同士で気づいたことを話しましょう」とする。そうすれば「蛸壺」に対して自分が思ったことを少なくとも隣の子には話せる。話したい欲求は満たされるわけです。

そのようにしながら重点的に取り上げたい所はしっかりと話させる。さっと次へいける時はいく。

最後にまとめや押さえたい所を意識して、「流す」か「止まる」かを授業の前段階で強く意識しておく必要があります。私も毎日反省の繰り返しです。

74 「授業テープ起こし」をする

この項を読んでいる先生、テープ起こしをしたことがありますか？　ちょうど先日テープ起こしを始められた先生から「楽しくてたまりません」というメールをいただきました。私も〝はまる〟ようにして取り組んだものです（今もやっています）。

「テープ起こし」は始める前はハードルが高そうなのですが、始めてしまえば実に様々な気づきを自分に与えてくれる貴重な教師修行だと実感します。

まず「起こし」をしようとするから自分の授業での「言葉」を意識します。

次に授業で子どもたちがどのような発言をしていたのかじっくりと検証できます。

さらに、授業をしている自分の癖がありありと見えてきます（つらいですが）。

文字化しているので、「あの～」「あの～」「あの～」と並べば嫌でも自分の口癖を突きつけられます。

そして教師自身の発言量。自分が〝ものすごくしゃべっている〟という現実。これを目の当たりにします。「言葉を減らさないと！」と猛烈に反省します（笑）。
さて、その教師と児童生徒の言葉量をより一目瞭然にするために、文字化する時は教師の言葉を太字のゴシックなどにすると良いです。そうすれば教師の発言がより目立ちます。ひどい時は紙面が真っ黒になるのです（笑）。だからいやが上にも「しゃべりすぎ厳禁！」と意識するのです。

完成したテープ起こしは、「授業通信」や「学級通信」に使えます。

私は「国語通信」のような形で子どもたちに返していました。例えば話し合いが上手にできた時の「起こし」は誰がどのように発言したからうまくいったのかを子どもたちに説明する絶好の資料です。「ここで田中さんが話を変えて良いですか？って言っているよね。だから話し合いが停滞しなかったんだよね」と「起こし」を手元に説明するのです。

また「起こし」はクラスの雰囲気を伝える学級通信の良いネタとなります。授業で取り組んでいることも伝えられますし、個々の児童生徒が何を発言したのかまでわかるので保護者の方にも喜んでもらえます。

「テープ起こし」は取り組むのに決意や忍耐がいりますが、やり出すとそのメリットははかり知れません。授業の腕を上達させるために通過すべき教師修行なのです。

75 教科書会社に問い合わせる

教材文の解釈で困ったことがあったら教科書会社に問い合わせることができます。

私の研究仲間の先生が国語の教材解釈で直接教科書会社に問い合わせたところ、とても親切な回答が返ってきました。教材の解釈は読者にゆだねられますが、こうした問い合わせはとても有効です。教材研究の大きな参考になります。

余談ですが、教科書会社に問い合わせてまで疑問を解決しようとしたこの先生の行動力に頭が下がります。

ここで言えるのは、やはり**最後は行動する人が手に入れられる**、ということです。熱意を持ってどこまでも行動する。この先生の教材文のコピーにはたくさんの解釈が書き込まれていました。問い合わせた結果と、自分の解釈を合わせてみて、そしてまた新しい解釈も生まれてくる……。

教材に真摯に向き合うことが授業づくりの大前提ですね。

76

“隣の棚”を見る

授業を考える時、良いアイデアは時として全く関係のないような分野から生まれることがあります。

本屋では教育書のコーナーではない全く別の「科学の棚」や「文芸の棚」から思いがけない授業アイデアが浮かぶことがあります。

旅をしている時、買い物をしている時など他の仕事や教育とは関係のない本を読んでいる時などにアイデアがフッと降りてくることは意外に多いのです。

教師は様々な場所に行き、色々な物を見、味わい、体験することで発想の引き出しを増やしていくことができます。日頃見ない、寄らない場所に行き、発想力を鍛え、たくさんの引き出しを持つ。

実はこの項の原稿は、北海道の函館のホテルのライブラリーで書いています。私の周りを本が取り囲み、その後ろには「Long　Good-bye」と名付けられたバーのカウンター。

素敵なホテルの素敵なサービスを受けて私自身が様々な刺激を受けました。それがこの原稿に結びついているのです。

例えば……教室の周りを本で囲むようにして読書のモチベーションを上げられないだろうか。

バーのカウンターのように机を横に一列に並べて、向こう側にアドバイスする子を立たせ、こちら側は相談者の子どもたち。名付けて「作文カウンター」。仲間同士で教え合う！（実践は〝妄想〟から生まれる！　笑）

他にも、いつも笑顔で接客するホテルマンはプロの仕事だなあ。自分はどうだろう。「お客様」を「子どもたち」に置き換えてみたらどうだろう。私（教師）は上質のサービスを提供できているだろうか……。といった「仕事」に関する姿勢のことも……。

意識をすれば異業種からも様々な「気づき」を得ることができます。

〝隣の棚〟には学校にいるだけでは気づかない秘密の宝物が眠っていることがあるのです。

100 IN 1 OUT 77

「ダイ・ハード4・0」という映画の中で主人公のブルース・ウィリスが仲間のハッカーに対して「よくそんなこと知ってるな」と感心するシーンがあります。そのハッカーが電子機器と豊富な情報を駆使して問題を解決しようとする場面です。

その時ハッカーは、「頭の中に様々な情報が入っているから」と作業しながらさらっと言ってのけます。

私はそのセリフがとても魅力的に感じました。

「頭の中に」入っているのです。

「パソコンの中」ではありません。

自分の頭の中に様々な情報が入っていて、それをいつでも取り出して子どもたちに話すことができたら素敵ですよね。

私たち教師は好奇心旺盛な小学生を対象に仕事をしています。子どもたちからは様々なことをきかれるし、授業ではポロッとしゃべった雑学が意外にウケたりします。

授業はもちろん教えるべきことを焦点化して取り上げることを決めていくのですが、「授業で使うかもしれないカテゴリー」の情報をたくさん持っておくと授業に厚みが生まれます。しかし、たくさんの情報を持ってはいても、使うのはその中の一つか二つです。

1仕入れて1出すのではなく、100仕入れて1出す。

100 IN 1 OUTの考え方です。

授業に使える、使えない関係なく様々な情報を集める習慣を持ちましょう。

社会科など実物は大いに子どもたちの興味を引きます。志賀島で購入した金印を教室に持ち込んだ時は大いに盛り上がりました（授業の最後に地元で売っていた「金印せんべい」も子どもたちと食べました）。

国語科では物語や詩の作品を扱う時はその作者の周辺のことを少し調べておきます。できれば記念館やゆかりの地も旅行のついでに立ち寄っておきます。

少ない情報でギリギリのところで授業をすることも多いのですが、特に興味のある部分などは**「多くを知っていて精鋭の情報を使う」といった行為が、授業に深みを生み出す**ことになるのです。

エピローグ

自分自身の小中学生時代を振り返ってみてください。

その時の授業を覚えているでしょうか。

私は突発的に教室に来てくださる教頭先生の話が特に面白かった、という記憶があります。

小中学生時代は随分前のことですので覚えていないかもしれませんが、その時の「授業」は確実にその子の「礎」となります。

「書くこと」が好きになった。

「計算」が速くなった。

「歴史」に興味を持った。

「本を読むこと」が好きになった。

学びの基礎と言ってもいいかもしれません。

学ぶことは遊びである。
学ぶことは知的興奮を伴うものである。
学ぶことは自分から求めてするものである。

といった、子どもたちが「学び」そのものの〝良き土台〟を築く時期に私たちは関わっているのです。

何てやりがいのあることでしょうか。

何て浪漫のあることでしょうか。

子どもたちの記憶に明確に残る授業はもちろんしたいのですが、私たちの行っている授業は子どもたちの身体の中には必ず残ります。

「授業」について語ろう。

「授業」について考えよう。

日々の授業をつくるのは大変です。

授業の直前に教科書を開いて、「ええっと、これを教えて、ここに時間をかけて……」

ということもしばしばです。

しかし常に頭の片隅に「この一時間はかけがえのない授業である」という感覚を住まわせましょう。そうすれば授業の第一声を工夫して……とアクションを起こすことができます。授業のまとめをこう書かせよう……とアクションを起こすことができます。

授業をつくる、とは「意識」し続けて小さな「アクション」を起こし続けることなのです。

本書がその「アクション」のきっかけとなれば幸いです。

明日もまた私たちは学校へ行きます。

正直足取りが重い日もあります。

休みたいなあと思う日もあります。

しかしまた、健気にクラスに通ってくる〝あの子〟もいるのです。

その子のために。

自分が〝今日〟できることをしましょう。

授業を通して。授業をフィルターに。

それではまた、ご一緒に……。

最後になりましたが、本書をまとめるにあたり、明治図書の林知里氏には色々とお世話になりました。感謝申し上げます。

今日もまた、子どものノートの詰まったカバンを手に……

森川　正樹

【著者紹介】

森川　正樹（もりかわ　まさき）

兵庫県生まれ。兵庫教育大学大学院言語系教育分野（国語）修了、学校教育学修士、関西学院初等部教諭。全国大学国語教育学会会員、「教師塾あまから」代表。国語科の「書くことの指導」「言葉の指導」に力を注ぎ、「書きたくてたまらない子」を育てる実践が、朝日新聞「花まる先生」ほか、読売新聞、日本経済新聞、日本教育新聞などで取り上げられる。県内外で「国語科」「学級経営」などの教員研修、校内研修の講師をつとめる。社会教育活動では、「ネイチャーゲーム講座」「昆虫採集講座」などの講師もつとめる。

著書に『できる先生が実はやっている　学級づくり77の習慣』『先生ほど素敵な仕事はない？！』『クラス全員が喜んで書く日記指導』『小１～小６年“書く活動”が10倍になる楽しい作文レシピ100例』『学習密度が濃くなる“スキマ時間”活用レシピ50例』（以上、明治図書）、『このユーモアでクラスが変わる教師のすごい！指導術』『言い方ひとつでここまで変わる教師のすごい！会話術』（以上、東洋館出版社）、『どの子も必ず身につく書く力』（学陽書房）他、教育雑誌連載、掲載多数。

教師のためのスケジュールブック『TEACHER'S LOG NOTE』（フォーラム・A）のプロデュースをつとめる。

【社会教育活動】

「日本シェアリングネイチャー協会」ネイチャーゲームリーダー／「日本キャンプ協会」キャンプディレクター／「日本自然保護協会」自然観察指導員／「CEE」プロジェクトワイルドエデュケーター

【ブログ】

森川正樹の“教師の笑顔向上”ブログ（http://ameblo.jp/kyousiegao/）

できる先生が実はやっている
授業づくり77の習慣

2016年３月初版第１刷刊　©著　者　森　川　正　樹
2017年11月初版第６刷刊　発行者　藤　原　光　政
発行所　明治図書出版株式会社
http://www.meijitosho.co.jp
（企画）林知里（校正）山田理恵子
〒114-0023　東京都北区滝野川7-46-1
振替00160-5-151318　電話03（5907）6703
ご注文窓口　電話03（5907）6668

＊検印省略　組版所　株　式　会　社　カ　シ　ヨ

Printed in Japan　ISBN978-4-18-221727-2